中国创业培训

网络创业实训之店铺计划书

宁波市人才培训中心　编著

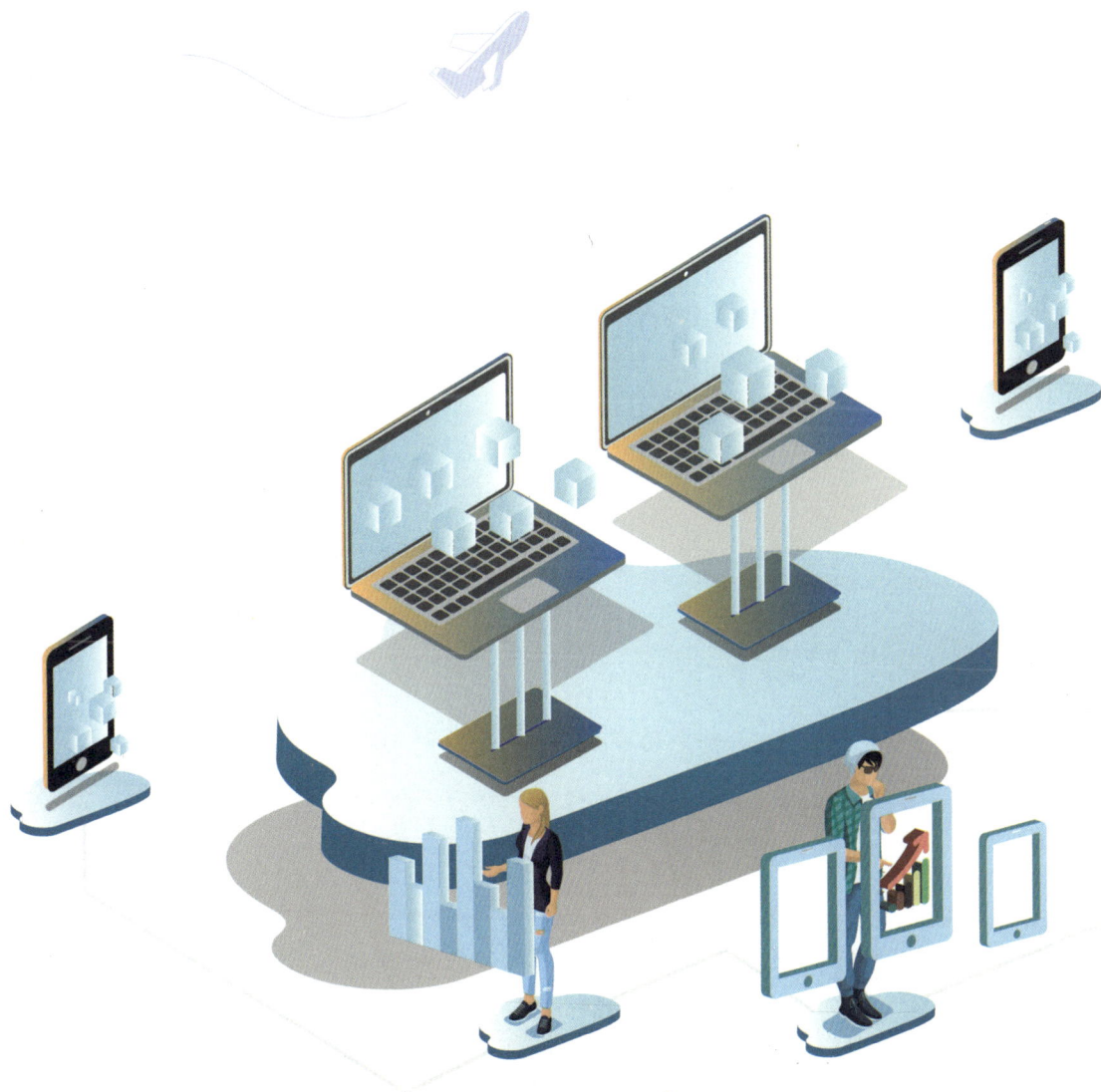

北京理工大学出版社
BEIJING INSTITUTE OF TECHNOLOGY PRESS

内 容 提 要

本书系统地介绍了互联网电商创业过程中涉及的实操知识及需要掌握的实训能力，以基础知识和实操流程的方式进行编写。本书主要内容包含开店准备、商品管理、店铺装修、店铺管理、运营规划，本着以工作任务为导向、以实训能力为核心、以实用操作技能为主要培训内容的原则，力求基础知识完备、突出实际工作能力培养。本书通过贯穿的案例及案例分析题引导读者思考实际问题，提高了互联网电商创业过程中解决问题的能力，理实结合、图文并茂，体现了做中学、学中做的教、学、做一体化教学理念和线上线下相结合的创业工具应用新模式。

本书可作为高等院校创业类基础教材，也可作为创业培训教材。

图书在版编目（CIP）数据

网络创业实训之店铺计划书 / 宁波市人才培训中心
编著 . -- 北京：北京理工大学出版社，2022.8
　ISBN 978-7-5763-1641-4

　Ⅰ . ①网…　Ⅱ . ①宁…　Ⅲ . ①电子商务　Ⅳ .
① F713.36

　中国版本图书馆 CIP 数据核字（2022）第 154165 号

出版发行 / 北京理工大学出版社有限责任公司
社　　　址 / 北京市海淀区中关村南大街 5 号
邮　　　编 / 100081
电　　　话 / （010）68914775（总编室）
　　　　　　（010）82562903（教材售后服务热线）
　　　　　　（010）68944723（其他图书服务热线）
网　　　址 / http：//www.bitpress.com.cn
经　　　销 / 全国各地新华书店
印　　　刷 / 河北鑫彩博图印刷有限公司
开　　　本 / 889 毫米 ×1194 毫米　1/16
印　　　张 / 9.5
字　　　数 / 286 千字
版　　　次 / 2022 年 8 月第 1 版　2022 年 8 月第 1 次印刷
定　　　价 / 75.00 元

责任编辑 / 钟　博
文案编辑 / 钟　博
责任校对 / 刘亚男
责任印制 / 边心超

宁波市高技能人才金蓝培养工程系列教材编委会

主　编：陈　烨　吴贵林
副主编：方　敏　王　冲　单联军

本教材编写委员会

主　编：聂　兵　张芝萍　胡坚达　董丽君　赵进军　范正斌　单联军
副主编：刘洪文　魏　明　谢　蓉　裘益明　李明芳　蒋　洵
成　员：周　涛　裘晓雯　戎　丹　郑焱之　俞燕君　邱佳宁　周　青
　　　　俞金波　张义廉　胡　铭　蔡小飞　姚小斌　王洪影　钱方兵
　　　　易后余　楼巍华　阮东波　柳艾岭　叶任泽　马航军　廖海鹏
　　　　郑　剑　张　硕　许冬烨　王伟忠　林德操　谢莹莹　高玉宇
　　　　吴章健　陈清升　戴秋花　高宝岩　伍婵提　林　莹　沈　哲
　　　　陈梦姣　赵京芳　徐冰莹　王　廷　沈旭伟　王　鑫　刘善文
　　　　施仕君　余建挺　仇　琳　沈佳文　沈　妍　陈　明　任一波
　　　　郑　芳　沈弥雷　楼晓东　庄朝霞　陈　聂　陈　莉　周　方
　　　　刘建长　范建波　茅淑桢　苏维微　王蝶红　楼剑锋　汪继耀
　　　　毛立良　何　雄　竺丹军　王玮蔚　白锦表　韩　竹　张定华
　　　　胡晓霞　周　亚　张　臻　赵莺燕　徐俊杰　钱　忆　竺　帅
　　　　方黛春　励建国　叶海玲　林　巧　余泽锋　麻黎黎　张作为
　　　　邱宝荣　陈　烽　王　丽　刘效壮　詹　斌　金　艳　蒋　红
　　　　陈建飞　陈　雷　张全民　朱寺宏　史丽芳　来恩浩　李承安
　　　　王荷琴　周　磊　忻志伟　张婷芳　刘　悦　许伟为　张　蕾
　　　　邹胜峰　马成功

2018 年以来，大众创业持续向更大范围、更高层次和更深程度推进。2018 年 1 月，中共中央、国务院发布《中共中央　国务院关于实施乡村振兴战略的意见》，全面部署乡村振兴战略。2018 年 9 月，国务院印发《关于推动创新创业高质量发展打造"双创"升级版的意见》，提出大幅降低创新创业成本，提升创业带动就业能力。为此，中央和地方各级政府从企业登记、孵化器、风险投资、融资、税收等多个方面出台了鼓励政策，上至高级白领，下至农民工、大学生和退役军人，各类"创客"如雨后春笋。数据显示，截至 2021 年年底，全国登记在册的市场主体达到 1.54 亿户。即使在新冠肺炎疫情的冲击下，开办企业的热情不减，2021 年我国日均新设企业数量仍然保持在 2.48 万户。中国已经成为全球创业活动最活跃的区域之一，大众创业、万众创新正在逐渐形成新浪潮。

"互联网 +""大众创业、万众创新"等战略的实施，催生了新经济下的创业浪潮，大量创业活动，尤其是基于互联网的创业活动不断涌现。浙江省委、省政府先后出台了《浙江省人民政府关于加快发展信息经济的指导意见》《浙江省电子商务产业发展"十三五"规划》等系列政策，既有效推动了经济持续发展和创业转型升级，又有利于扩就业、增收入，促进社会资源优化配置。在此背景下，网络创业培训正在延伸到社会的不同领域，为许多学习主体开辟着全新的创新创业路径，这也与政府政策导向符合。

尽管各地区政府相继出台扶持网络创业的各项政策措施，着力营造良好的创业环境，网络创业培训教学效果有所增强，但仍存在一些问题：在培训教学方面，存在以理论教学为主，理论教学与创业技能培训脱节的问题；在培训师资方面，存在师资水平参差不齐，教学难以项目化、市场化运作，教学成效一般的问题；在网络创业后续服务方面，存在体系不完善，在组织实施过程中缺乏制度与措施等问题。这些问题都在制约着网络创业培训的继续发展和深化，因此，如何探索出一套完整的、贴近实战的网络创业培训课程显得尤为迫切。

为了满足不同学员对于互联网创业能力提升培养及个性化发展的需求，需要准备不同的授课内容和授课模式，进行更有针对性的教学安排。为此，本教材编写组针对网络创业实训之店铺计划书的制定，特别编写了专门的教材。在培训内容上，重点培养学员网络创业实训操作能力，结合学员在创新创业中遇到的相关问题以计划书的形式进行呈现。在教材中，突出分享创新的教学案例及创新理念模式，从而激发学员的创业热情，使其认识创业规律，引导和激发其创新思维。

我作为一名创业培训参与者、管理者，很乐意将此书推荐给网络创业培训的讲师们和学员们，期待高质量的网络创业培训能够源源不断地为国家培养和输送创新创业生力军。我们也将以最大的能力帮助学员们实现创业目标，成为你们前行道路上的陪伴者。

开封技师学院培训处处长　刘洪文

序言二

近年来，在我国广阔的神州大地上，大众创业、万众创新不断地深入推进，广大青年、大学生、科技工作者积极响应号召，投身到这场轰轰烈烈的创新创业浪潮中，各地的科技园、孵化器、众创空间遍地开花，加持着移动互联网的快速发展，借助网络媒体，新的产业发展形态不断涌现，构成了丰富多彩的创新创业生态体系。当前，我国经济发展急需从要素驱动、投资驱动向创新驱动转变，在这个新旧动能转换时期，大众创业、万众创新发挥了重要作用，各类新技术、新产品、新业态与新模式也纷纷出现，成为驱动我国经济增长的新引擎。

网络创业正是在这样的大背景下得到迅猛发展，选择网络创业，用一台计算机或者一部手机建一个网站，或开一个网店就可以实现个人创业致富，这在以前不可想象。由于网络创业相对的低门槛和互联网的独特吸引力，越来越多的大学生和大学毕业生投身到网络创业的浪潮中，使网络创业热潮一浪高过一浪。开网店、直播、抖音带货等业态不断升级发展，不仅吸引了大学生，还使更多的个体工商户、商家、企业投入网络创业的浪潮中，这也正说明中国的网络创业事业正在蓬勃发展，充满盎然生机。

当然，新生事物出现后，在野蛮生长的过程中必然会暴露诸多问题，比如不遵守基本的商业规则，打政策的擦边球，虚假宣传、夸大宣传，假货、劣货横行，售后服务不到位，商家诚信得不到很好的展现等问题，都会对网络创业的发展产生很多负面影响，从而阻碍了网络创业这个业态的健康发展。因此，各级政府出台了相应的管理办法和支持政策，各网络平台也制定了自身的行业运营规则，以约束和规范行业健康、有序、持续地发展。这里不能缺少职业技能的培训，规范、标准、有效的职业技能培训从开始就得到约束和制约，必然对行业的发展起到未雨绸缪的作用。

网络创业本身的特殊性，要求从业人员具有一定的网络知识和运营技巧，以及熟悉在网络媒体上创业、销售、经营的底层逻辑和商业运营模式。如何选择一个优质的赛道、如何营销特色产品、如何管理高效的销售平台、如何优化一条顺畅的物流渠道等，都需要专业的知识和技能作为前提和保障。我们也看到，在行业发展的培训前端，也存在着师资力量不强、行业规范化体系不健全、培训实训的深入度不高、从业者的自我能力未能及时提升、行业乱象层出不穷等现象，因此，编写一套规范、实用，具有实操性和专业指导性的教材非常重要。

本教材是在众多政府和高校领导、专家的支持和帮助下编写的一本实训教材，内容丰富且实用，可以在当前快速发展的网络创业潮流中提供清晰的指导，引导大家如何在网络创业中进行抉择，闯出自己的一片新天地。作为一名高职院校的教育工作者，我非常愿意把这本凝聚政府和高校领导、专家智慧结晶的教材推荐给从事网络创业的同学们，希望同学们能从中汲取经验、获取启发，收获美好的未来。

宁波城市职业技术学院商学院副院长、教授　麻黎黎

目 录

■ ── Contents ■ ■ ■

开店准备　第一章

第一部分　知识准备

开店准备作为网络创业实训的第一步，主要包括电商平台规则、货源选择、模拟商城注册与上货等内容。其中，模拟商城注册与上货为实操内容，也是本章的主要内容。

一、电商平台规则

1．规则介绍

电商平台规则不仅是交易双方基本权益的保证，同时也是电商平台得以持续发展的重要保障。学好电商平台规则，买家能更好地保证自己的正当利益，而卖家则能更好地维持店铺形象，促进店铺的良好发展等。特别是对新手卖家而言，学好电商平台规则更能有效地防止上当受骗、恶意中差评等情况发生。

常见的电商平台规则一般可分为准入规则、营销规则、交易规则、处罚规则四大类。

电商创业者对于电商平台规则一定要有所了解，其重要性主要包含以下两点。

（1）店铺权重：商品或店铺违规会降低店铺的权重，被客户搜索查询到的可能性会降低。

（2）申报活动：大部分电商平台为了优化购物体验，往往会对归为店铺或商品的活动申报提高门槛或禁止违规商品申报活动。

所以，了解电商平台规则可以提升店铺被客户搜索到的可能性，也可以提升电商创业的成功概率。

2．规则入口

在通用规则的约束下，每个平台还有自身的特性化规则，作为电商创业者要掌握不同平台的规则入口，以便进行针对性的查找。以淘宝为例，规则入口为 rule.taobao.com。

3．常见违规行为

作为电商创业新手，没有太多的时间和精力去了解所有电商平台规则。电商平台规则成千上万，但重要规则基本通用，常见违规行为场景主要集中在信息发布和交易行为两个方面。

（1）信息发布方面。禁止发布违禁信息、侵权信息、易造成消费者混淆的信息、假冒注册商标或盗版商品信息等，以及禁止滥发信息（如重复铺货、虚假宣传、换宝贝、利用低价 SKU 引流等）。

1）禁止发布违禁信息。违禁信息是指法律法规及平台禁止的商品或信息，主要包括国家有关法律法规禁止的或有违社会道德规范的内容；低俗信息及渲染低级趣味等庸俗、媚俗的信息；违背社会道德、宣扬消极观念、给社会带来不良影响的不良信息、平台违禁商品信息名录及管理规则中明确禁发的商品及信息。

在电商平台上发布商品或信息前,应仔细阅读服务中心关于平台禁售商品及信息的相关内容,不要把违规的商品或信息发布在任何区块,包括商品页面(如商品标题、商品描述、商品图片等)、店铺装修页面(如店铺名、店铺分类、店铺介绍、店铺公告、店铺留言等)及社区和论坛等。

若卖家未按特殊商品要求发布(或出售)商品或信息的,平台可删除相应商品或信息,包括出售中及线上仓库中的商品或信息。同时,平台将视情节严重程度采取监管商品、搜索屏蔽商品、下架商品、删除商品、删除店铺、删除店铺相关信息、清退店铺或查封账户、关闭订单、延长交易账期、令卖家支付违约金等措施。

除禁限售商品外,平台的各类规则、规范、类目管理标准、行业标准等还有关于商品或信息发布的相关规定,包括但不限于以下具体情形。

禁售商品及信息如下。

①军火武器、仿真军火、军警用品、管制器具类。

②危险化学品及易燃易爆物品、毒品类及相关工具类。

③危害国家安全、破坏政治与社会稳定的有害信息类。

④色情、暴力、低俗商品或信息,赌博、博彩商品及服务类。

⑤侵犯他人隐私的相关商品、信息及服务类。

⑥假劣禁售及特殊管理药品、兽药及相关商品、禁用限用类农药、医疗器械、人类健康及医疗相关的商品或服务类。

⑦金融相关商品及服务类。

⑧病原微生物、国家保护类动植物及动物捕杀商品类。

⑨涉及欺诈、盗窃、作弊、骚扰他人等商品或设备类。

⑩未经允许违反国家行政法规或不适宜交易的商品类。

⑪网络账号、网络游戏及相关服务类。

⑫封建迷信类。

⑬法律规定禁止发布的内容、出版物、内部资料性出版物及内部图书类。

⑭危害未成年人身心健康的商品或信息类。

⑮烟草及相关产品类。

⑯交通、航空设备及相关服务类。

⑰旅行与出入境相关商品及服务类。

⑱通信商品及服务类。

⑲依法被限制进出口的商品及服务类。

平台一般设有违规信息的自检自查工具,建议养成商品信息检查的良好习惯,定期通过检测工具进行自检。如有商品确实存在违规行为,建议重新发布符合平台规则要求的商品。如果被认定为违规的商品未存在违规行为,可向平台提供凭证进行申诉。

2)禁止发布侵权信息。发布的商品信息有涉嫌侵犯他人合法权益的内容,包括但不限于卖家在所发布的商品信息或所使用的店铺名、域名等中不当使用他人商标、著作权等权利的;卖家出售商品涉嫌不当使用他人商标权、著作权、专利权等权利的;卖家所发布的商品信息或所使用的其他信息造成不正当竞争的等。

若存在以上任一侵权违规行为，平台将视情节轻重采取扣分、限制发布商品、公示警告、屏蔽店铺、查封账户等处理措施。

3）禁止滥发信息。滥发信息是指未按平台发布规则及相关规则要求发布商品或信息，妨害买家权益或平台秩序的行为，包括以下情形。

①发布广告信息；

②信息与实际不符；

③信息重复；

④商品要素不一致；

⑤规避信息；

⑥品牌不一致；

⑦有违行业特殊要求与价格发布要求。

卖家若存在上述任一情形的，平台将视情节轻重程度采取冻结图片、下架商品、删除商品、删除店铺相关信息、限制使用商品发布的特定功能、限制商品发布数量、限制发布商品、屏蔽店铺、删除店铺、屏蔽评论内容、对评分不累计、删除销量、监管账户等处理措施。

以淘宝为例，电商平台违规处理规定见表1-1。

表1-1　电商平台违规处理规定

规则情形		违规处理及纠正		扣分
滥发信息	在商品类页面发布（同件商品在同一滥发情形中违规次数）	第一次	警告	0分
		第二次	下架商品	0分
		第三次	下架商品	0.2分
		第四次	删除商品	2分
	在店铺装修区等其他页面发布	删除店铺、清除店铺装修、限制店铺装修发布7天或关闭店铺		4分
滥发信息情节严重	同一卖家在同一情形中多次违规	下架店铺内所有商品		6分
	发布广告信息情节严重	屏蔽店铺		0分
涉嫌滥发信息的商品		视情节严重程度给予单个商品搜索屏蔽，或单个商品搜索降权直至商品整改完成后第3天恢复		0分

（2）交易行为方面。

1）禁止虚假交易。虚假交易是指卖家通过虚构或隐瞒交易事实、规避或恶意利用信用记录规则等不正当方式，获取虚假的商品销量、店铺评分、信用积分、商品评论或成交金额等不当得利的行为。

平台将视情节轻重对进行虚假交易的卖家采取措施，包括扣分、下架商品、搜索商品降权、删除销量、对成交金额不累计、屏蔽评论内容、对店铺评分和信用积分不累计等措施。

以淘宝为例，电商平台将按照相关规定对卖家进行以下处理。

①卖家第一次或第二次发生虚假交易行为：若违规交易笔数未达96笔，仅对卖家的违规行为进行纠正，不扣分；若违规交易笔数达96笔以上，每次扣12分。

②卖家第三次发生虚假交易行为：若违规交易笔数未达 96 笔，每次扣 12 分；若违规交易笔数达 96 笔以上，视为情节特别严重，每次扣 48 分。

③卖家第四次及以上发生虚假交易行为，无论交易笔数多少均视为情节特别严重，每次扣 48 分。

④若卖家的虚假交易行为造成严重后果，无论次数和交易笔数多少均视为情节特别严重，每次扣 48 分。

⑤对涉嫌虚假交易的商品，给予 30 天的单个商品平台内搜索降权处理。如某商品发生多次虚假交易，搜索降权时间滚动计算。

⑥卖家刻意规避平台监管发生虚假交易行为或为他人提供虚假交易服务的，视为严重违规，每次扣 48 分。

⑦卖家应按照平台要求提供真实、合法、有效的申诉凭证，如卖家存在提供虚假凭证的情形，视为一般违规行为；首次发生的，给予警告，再次及以上的，每次扣 6 分。

⑧买家如协助卖家进行虚假交易，平台将视情节严重程度采取关闭订单、新增订单不计销量和关闭评价入口、删除违规交易产生的信用积分、信用积分清零、警告、身份验证、限制创建店铺、限制发送站内信、限制发布商品、限制登录网站、限制买家行为、限制发起投诉、延长交易超时等处理措施。

2）不得违背承诺。违背承诺是指卖家未按照约定向买家提供承诺的服务，妨害买家权益的行为。常见违背承诺的情形主要涉及发货承诺、换货承诺、赠品承诺、卖家自行承诺、邮费承诺、发票承诺等。卖家须按约定或平台规定向买家履行承诺。平台还将视情节轻重对卖家进行处理，包括支付违约金、扣分、下架商品、删除商品等措施。

3）描述与实际品质不符。描述与实际品质不符是指买家收到的商品或接受的服务，或经平台官方抽检、排查到的商品或服务，与卖家描述不符或不符合国家标识标签相关标准及平台相关管理要求，妨害买家权益的行为。其包括但不限于以下情形：实际商品或服务与描述不一致，标识标签中内容的标注形式不符合国家规定，商品或服务存在夸大、虚假、材质不符、品牌描述不当、品质不合格等问题。平台将视情节轻重对卖家进行处理，包括下架商品、监管商品、删除商品或信息、延长交易账期、令卖家支付违约金、限制解冻保证金、监管账户等措施。

随着电子商务的发展，各大电商平台的各类规则不断完善，电商创业者需要不定时关注电商平台对于本平台规则的调整，以便根据实际进行相对应的调整，避免因未知而触犯规则，造成损失。

小贴士

《中华人民共和国广告法》规定不能使用"国家级、最高级、最佳"等用语，但这其中的"等"并没有做明确的解释，也就是说，这个说明具有很大的解释空间。

极限用语包括但不限于商品列表页，商品的标题、副标题、主图及详情页，商品包装等，触犯新广告法底线，在单独的罚款方面，20 万元起步，最高 100 万元。

与"最"有关的极限用语：最、最佳、最具、最爱、最赚、最优、最优秀、最好、最大、最大程度、最高、最高级、最高档、最奢侈、最低、最低级、最低价、最底、最便宜、最时尚、最低价、最流行、最受欢迎、最聚拢、最符合、最舒适、最先、最先进、最先进科学、最先进加工工艺、最先享受、最后、最后一波、最新、最新科技、最新科学。

与"一"有关的极限用语：第一、中国第一、全网第一、销量第一、排名第一、唯一、第一品牌、NO.1、TOP.1、独一无二、全国第一、一流、一天、仅此一次（一款）、最后一波、全国 × 大品牌之一。

与"级/极"有关的极限用语：国家级（相关单位颁发的除外）、国家级产品、全球级、宇宙级、世界级、顶级（顶尖/尖端）、顶级工艺、顶级享受、极品、极佳（绝佳/绝对）、终极、极致。

与"首/家/国"有关的极限用语：首个、首选、首款、独家、独家配方、全国首发、全国销量冠军、国家级产品、国家（国家免检）、国家领导人、填补国内空白。

与品牌有关的极限用语：王牌、领袖品牌、世界领先、领导者、缔造者、创领品牌、领先上市、至尊、巅峰、领袖、之王、王者、冠军。

与虚假有关的极限用语：史无前例、前无古人、永久、万能、祖传、特效、无敌、纯天然、100%。

与欺诈有关，涉嫌欺诈消费者的极限用语：点击领奖、恭喜获奖、全民免单、点击有惊喜、点击获取、点击转身、点击试穿、点击翻转、领取奖品、秒杀、抢爆、再不抢就没了、不会更便宜了、错过就没机会了、万人疯抢、全民疯抢/抢购、卖/抢疯了。

与时间有关的极限用语（限时必须说明具体时间）：今日、今天、几天几夜、倒计时、趁现在、就、仅限、周末、周年庆、特惠趴、购物大趴、闪购、品牌团、精品团、单品团（必须有活动日期）。严禁使用"随时结束""随时涨价""马上降价"等用语。

案例 1-1

涉案商家：浙江某电子商务有限公司。

处罚金额：9.7 万元。

该商家在某品牌官方旗舰店页面发布的广告含有"专注口腔护理 66 年""专注电动牙刷工艺 66 年，给儿童贴心呵护""送孩子一个无蛀牙的欢乐童年""5 600 次/分钟带来更高洁净力，清洁菌斑不留死角""快速洁净，5 600 次/分转速"等内容。有关数据未标明出处，并且无法提供有效证明材料加以证实，该行为违反了《中华人民共和国广告法》第十一条第二款、第二十八条第二款的规定。杭州市市场监督管理局根据《中华人民共和国广告法》第五十五条、第五十九条的规定，对当事人作出责令停止发布、罚款人民币 9.7 万元的处罚。

案例 1-2

涉案商家：安徽某网络传媒有限公司。

处罚金额：5 万元。

该商家在其运营网站发布"治感冒抗流感防治新冠要选对症药物"等 3 条软文广告，以介绍健康、养生知识等形式变相发布药品广告，违反了《中华人民共和国广告法》第十九条的规定；发布的"德国爱他美"奶粉广告中含有"蛋白质，脂肪……碳水化合物 - 乳糖的成分几近母乳"等介绍，声称该婴儿乳制品能够部分替代母乳的内容，违反了《中华人民共和国广告法》第二十条的规定；不能提供涉案广告主的信息，未建立广告业务承接登记等制度，违反了《中华人民共和国广告法》第三十四条的规定。本案例中当事人未收到广告费用。依据《中华人民共和国广告法》第五十九条、第五十七条和第六十条的规定，2021 年 7 月，六安市市场监管局对当事人作出行政处罚，责令改正，停止发布违法广告，并处罚款 5 万元。

案例 1-3

涉案商家：宁波象山某医学科技有限公司。

处罚金额：80 万元。

该商家在其店堂、微信公众号、淘宝网店等场所、平台发布有关介绍"老倪膏药"（医疗器械）功能的广告，广告内容含有安全性断言或保证、说明治愈率等内容，且广告内容未经相关部门审批，该行为违反了《中华人民共和国广告法》第四条、第十六条、第二十八条的规定。象山县市场监督管理局根据《中华人民共和国广告法》第五十五条的规定，对当事人作出责令停止发布、在相应范围内消除影响、罚款人民币 80 万元的处罚。

因当事人的违法行为同时涉嫌构成虚假广告罪，该案已移交公安部门依法处理。

案例 1-4

涉案商家：武汉某茶业交易中心有限公司。

处罚金额：100 万元。

该商家通过自建网站和跳转至其网上店铺产品详情页的方式，发布使用或变相使用国家机关、国家机关工作人员的名义或形象的广告，并在疫情期间发布"茶抗病毒作用"软文广告，违反了《中华人民共和国广告法》的相关规定。2021 年 7 月，武汉市东湖新技术开发区市场监管局对当事人作出行政处罚：责令停止发布违法广告，在相应范围内消除影响，罚款 100 万元。

二、货源选择

1．货源的重要性

电商的本质就是销售商品，无论是运营还是促销，最终目的都是吸引客户购买这些商品，所以，货源是运营中极其重要的环节，货源的好坏直接影响商品销售与店铺发展。其具体体现如下。

（1）好货源促进电商企业前期快速发展。电商创业初期商品购买人数少、店铺信誉不高等实际情况制约店铺的前期发展，而好的商品可以提升店铺和商品的评价，也可以带来更多的回头客，是电商企业扎根立足的坚实基础。

（2）好货源可以解决店铺运营的后顾之忧。店铺运营一段时间后，根据实际可以做一些促销活动或申报平台活动，这些能带来大销量活动的背后就是商品供货稳定性、商品质量保证等一系列要素，若前期没有寻找到好货源，则无法承接更大流量，店铺将陷入发展瓶颈。因此，能提供优质稳定的货源是电商企业进一步发展壮大的重要保障。

（3）好货源能够提升店铺的竞争力。在店铺运营的成熟期内，与同行的竞争不再局限于推广和运营，更多的是店铺供应链的竞争，所以在该竞争中脱颖而出的必要条件就是在一开始确定性价比更高的优质货源。

对于电商创业者而言，前期在选择货源时要慎重考虑，货比三家，综合考量，为成功的电商创业打好基础。

2．选择货源的渠道

在网络创业之初，确定了预售商品后，接着要解决商品的来源途径问题，一般可从以下两个渠道获得商品，如图1-1所示。

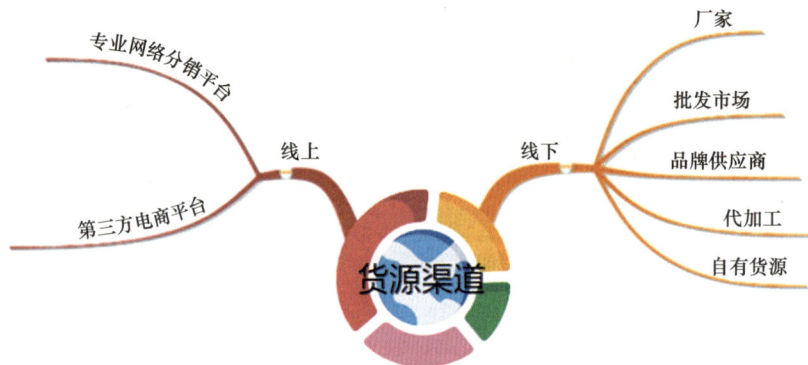

图1-1　货源渠道

（1）线下渠道。依靠地理资源可以找到工厂、批发市场等货源，正规工厂的货源充足，且没有中间商，进货成本更低，如果长期合作，还可以获得争取优惠的机会。但工厂的起批量较高，不适合小量批发客户。如果有足够的资金储备，并且不会有滞销的风险，则可考虑这种进货方式。通过比较批发市场的商品，不但可以了解行情，还可以拿到较低的批发价格；依靠人脉资源可以找到有库存的品牌商和有尾货订单取消、退货的外贸商。品牌商品在网上是备受关注的分类之一，对于积压库存或清仓处理商品，很多买家都直接寻找需要的品牌商品，而且很多品牌商品虽然在某一地域属于积压品，但由于网络覆盖面广的特性，完全可以使其在其他地域成为畅销品。

不同线下渠道货源的优、劣势分析见表1-2。

表1-2　不同线下渠道货源的优、劣势分析

货源渠道	具体货源	优势	劣势
线下渠道	厂家	进货成本较低	资金占用量大
	批发市场	品种多 可货比三家 更新快	容易断货 品质不易控制
	做品牌代理商	品牌支撑力度大 货源稳定 渠道正规 商品不易断货	更新慢 价格相对较高 不利于后续转型
	代加工	有品牌知名度	易受加工厂家生产能力的影响
	自有货源	质量和成本控制有保障	生产能力和品类有限

（2）线上渠道。各大电商批发网站中有不少大型批发商，主要可分为专业网络分销平台和第三方电商平台两类。这些批发商大部分愿意发展零售商，部分批发网站可以支持一件代发和数据包提供，为电商创业者提供商品货源、商品图片、商品描述等基本素材，提高学习的便利性和实操性。

对于实际完成店铺开设的创业者，大部分平台完全可以跟各大电商平台对接，提供一键上架、订单抓取和库存同步等核心功能来帮助他们解决货源仓储、上架描述，以及发货和退换货的问题。对于初创业者来说，开店基本没有后顾之忧，只需要经营店铺即可，平台可帮助创业者快速便捷地完成开店，开启创业之路。

不同线上渠道货源的优、劣势分析见表1-3。

表1-3　不同线上渠道货源的优、劣势分析

货源渠道	具体货源	优势	劣势
线上渠道	专业网络分销平台	货品多 价格透明度高	商品体验度不高
	第三方电商平台	简单省事 价格较低 库存成本低	利润较低 品质难控制

对于从线上、线下两种渠道寻找到的货源不能直接评判其好坏，表1-4从两者各自的优势给出比较，可根据自己的实际情况进行甄别。

表1-4　线下、线上渠道优势比较

线下渠道的优势	线上渠道的优势
商品体验度高 无物流等待时间 容易鉴别商品质量 容易建立与供应商的长期合作 可以面对面地洽谈业务 容易鉴别商家的实力 售后维权	商品数量多，价格透明 节省旅途成本 采购订单流程化，方便管理 通过支付宝支付，保证安全 平台提供维权支持 定期有优惠活动

3．货源评价维度

通过对店铺销售的产品进行分析，适合新手卖家在网站销售的产品大致具有以下特点。

（1）绝大部分商品体积较小。

（2）时效性要求不高（除非能按时将商品交到客户手中）。

（3）适合网上顾客群。就国内目前的发展情况来看，网上购物的客户群以年轻人居多，因此，抓住年轻人的爱好和需求是成功的关键。

（4）通过网页就可以激起浏览者购买的欲望。

（5）能被大众普遍接受。

（6）创意独特。利用互联网沟通的广泛性和便利性，创意独特的新产品可以满足那些品位独特、需求特殊的顾客"先睹为快"的心理。

确定要销售的商品后，如何评判商品货源的好坏？可以从价格、品质、市场、商品售后、分销商服务五个维度对货源进行评价，确定适合自己的货源，如图 1-2 所示。

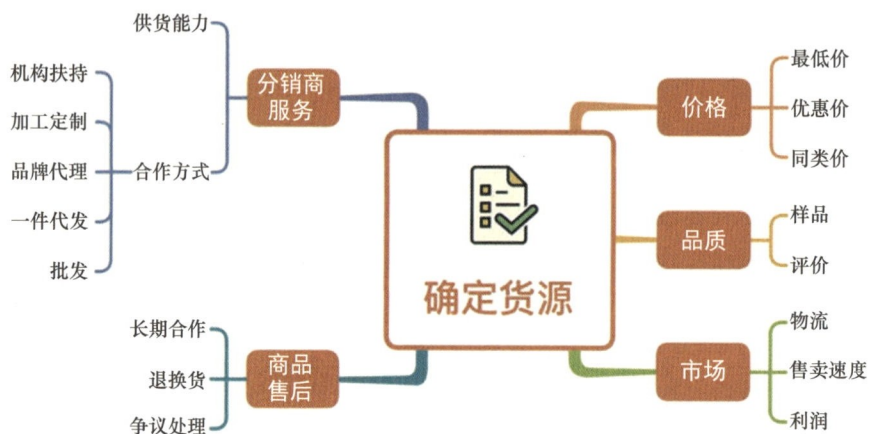

图 1-2　好货源评价的五个维度

案例 1-5

　　小丽是一个爱美食、爱打扮的女孩，在一家电商公司做行政工作。最近她想开一家网店，准备从零食、化妆品、女装等她感兴趣的方面入手。如今在网上购买零食、化妆品、女装已经成为年轻人的消费习惯，零食和化妆品都有一定的时效性，且较难做出独特卖点，而女装对时效性要求不高，基础款和设计款均能打动一批消费者。正好小丽的一个亲戚是开女装工厂的，主要做出口外贸订单，该企业的女装质量较好，款式丰富，在行业中有较好的口碑，小丽在拿货方面有一定优势。经过综合考虑，小丽决定选择开女装网店。

第二部分　实训操作

【实训主题】

　　模拟商城注册与上货。

【实训目标】

　　1. 模拟商城注册，完成开店。

　　2. 在模拟商城中完成商品发布上架，学会制作运费模板。

【实训场景】

以"华丽女装"为店铺名称，商品确定为女装，进行模拟商城注册与上货。

【实训内容】

在模拟商城中学习电商平台部分核心功能的操作，在导师指导下，在模拟商城中完成"华丽女装"店铺注册、开店、上货等各项任务。

【实训操作】

1．模拟商城注册

登录 https://www.ningbochuangye.com/ 开始网络创业实训，登录自己的账号，如图 1-3 所示。输入自己的账号和密码，如图 1-4 所示，进入模拟商城（本部分以"华丽女装"店铺为例）。

宁波创业云平台

图 1-3　平台登录界面

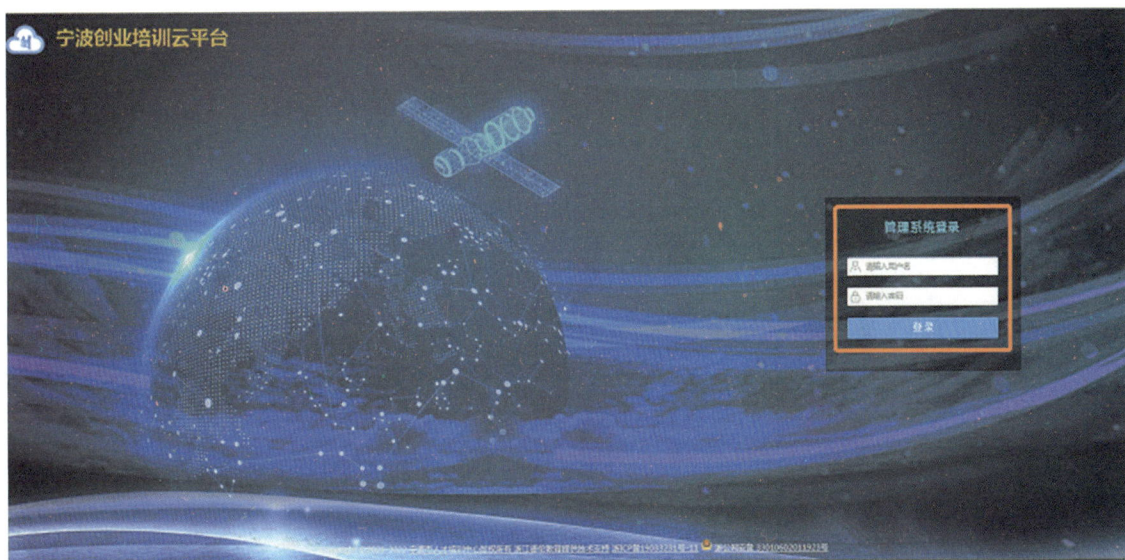

图 1-4　教学平台登录界面

第一步：进入后台后，单击进入模拟商城，如图1-5所示。

图 1-5　教学平台后台（模拟商城登录界面）

第二步：进入模拟商城后执行"卖家中心"→"立即开店"命令，如图1-6所示，进入免费开店界面，按照要求填写店铺的基本信息，如图1-7所示，单击"提交"按钮，完成店铺基本信息的填写。

图 1-6　进入免费开店模式

图 1-7 店铺基本信息填写页面

　　第三步：基本信息填写完成后店铺就开设成功了，针对店铺的基本信息可以进行修改，执行"卖家中心"→"店铺基本设置"命令可查看店铺注册时填写的基本信息，并且在该界面中单击"修改店铺信息"按钮可以进行基本信息的修改操作，如图 1-8 所示。在修改界面完成店铺基本信息修改后单击"保存"按钮即可，如图 1-9 所示。

图 1-8 店铺信息修改界面

图 1-9　店铺信息修改保存界面

第四步：店铺开设成功后执行"卖家中心"→"消费者保障"命令，可根据实际情况进行"账期保障"的"开通"和"保证金"的"缴纳"等设置，如图 1-10 所示。

图 1-10　账期保障和保证金模拟缴纳界面

图 1-10 账期保障和保证金模拟缴纳界面（续）

2．运费模板制作

第一步：进入模拟商城"卖家中心"，选择"物流工具"选项，进入"运费模板"页面，如图 1-11 所示。

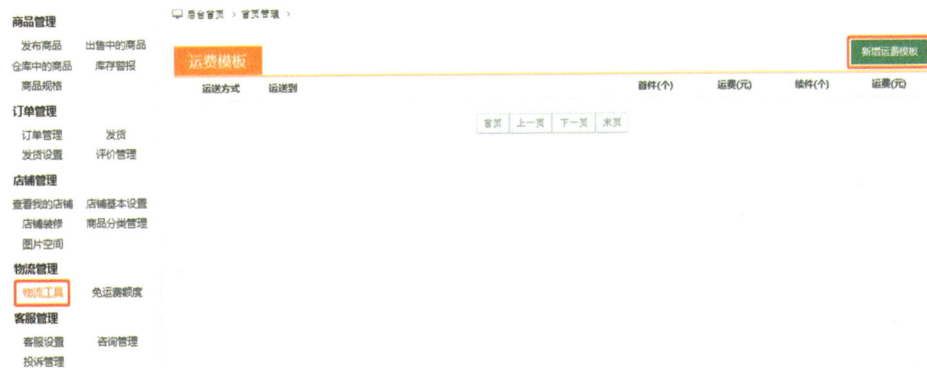

图 1-11 "运费模板"界面

第二步：进入运费模板编辑界面后，按照模板名称、商品地址、发货时间、是否包邮、计价方式等内容进行实际填写，如图 1-12 所示。

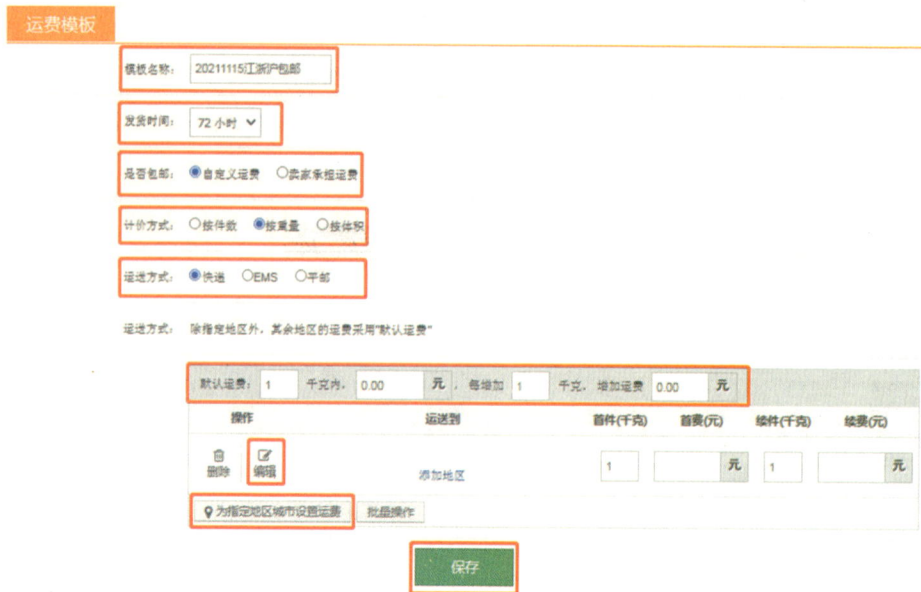

图 1-12　运费模板编辑界面

　　第三步：在价格设置处，可以根据商品发货地对不同地区的价格进行选择性的设置，未选择的区域自动进入默认地区，在"默认运费"设置区域中进行运费设置，如图 1-13 所示。

图 1-13　运费区域选择界面

　　第四步：卖家可以根据实际情况设置快递运费的优惠政策，如单击编辑选择地区下的"编辑"按钮进行包邮促销的区域选择，单击"确定"按钮后即完成区域选择，并设置数值，单击"保存"按钮完成运营模板设置，如图 1-14 所示。

图 1-14　运费模板保存界面

第五步：再次进入"卖家中心"→"物流工具"界面即可看到做好的运费模板，在该界面可以进行修改与删除操作，如图 1-15 所示。

图 1-15　运费模板修改、删除界面

第六步：编辑好运费模板以后需要将运费模板应用到商品发布中，在商品发布的编辑页面，在商品物流服务下面的运费模板中选择已经做好的运费模板，并按照选择的计价方式进行物流参数设置，如图 1-16 所示。

图 1-16　运费模板应用界面

第七步：设置成功后回到商品售卖界面，可以看到运费的实际显示效果，如图 1-17 所示。

图 1-17　商品售卖显示的运费效果界面

小 贴 士

例：产品从浙江宁波发出，对于新疆、西藏地区首重 1 kg 收费 25 元，续重 1 kg 收费 22 元，其他区域首重 15 元 /kg，续重 6 元 /kg，江浙沪地区包邮，我国港澳台地区及海外不发货。

设置操作：在"为指定地区城市设置运费"处选择新疆和西藏、江浙沪、港澳台及海外，并进行相关价格的设置。在"默认运费"处将运费设置为首重"15"，续重"6"，如图 1-18 所示。

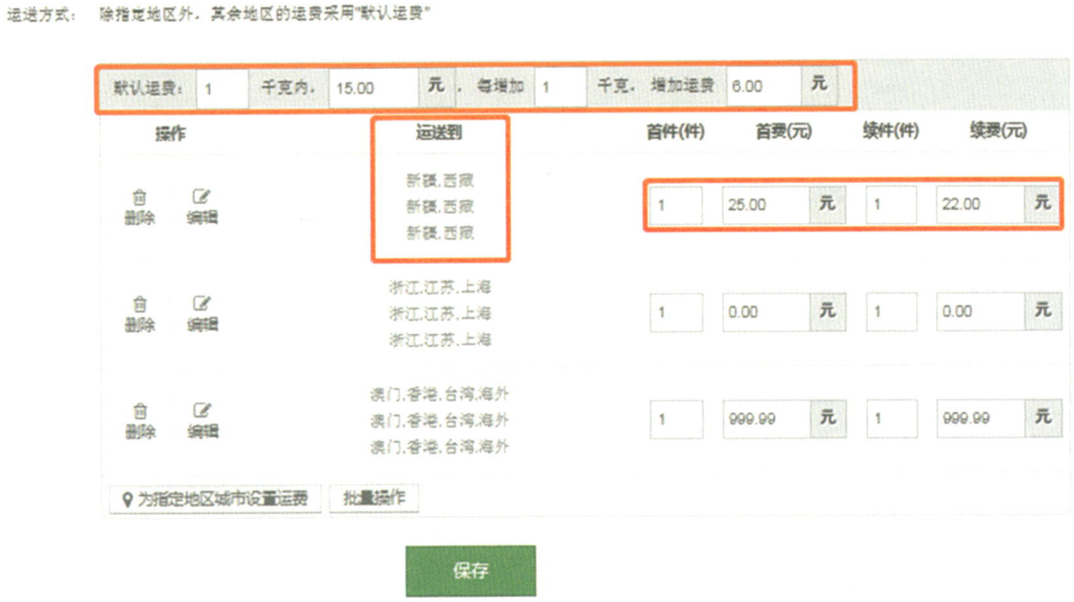

运送方式：　除指定地区外，其余地区的运费采用"默认运费"

图 1-18　默认运费设置界面

未设置的地区都默认到"默认运费"处。

3．模拟商城手动上货

第一步：在模拟商城登录后的界面中选择"卖家中心"选项，如图 1-19 所示。

图 1-19　模拟商城首页

第二步：进入店铺后台，单击"商品管理"→"商品发布"按钮，进入所发布商品的类目选择页面，如图 1-20 所示。

因开店时已经选择了所售商品的分类为女装，故此处类目一级目录根据之前所选择的类目确定。

图 1-20　模拟商城后台发布商品的类目选择界面

　　第三步：信息编辑。选择类目后进入商品基本信息编辑页面，根据商品实际情况，对标"*"号的内容进行填充，如图 1-21 所示。

图 1-21　商品基本信息编辑页面

　　第四步：商品主图上传。在默认商品 5 张主图处下方单击"上传"按钮，即可从本地选择已经准备好的商品图片。根据图片的实际情况，可以更改"排序"后的数字（默认 0）进行个性化的调整顺序。若所上传的图片不符合需求，需要进行删除，则将鼠标放置在需要删除的图片处，单击右上角"⊗"按钮即可删除。同时可以在此处针对商品进行分类，也可以在后期将商品分类后回到此处进行分类，如图 1-22 所示。

图 1-22 上传商品主图界面

小 贴 士

　　准备发布商品的主图可以提前发布在店铺的图片空间中，在发布主图时从图片空间中进行选择，也可以直接从本地选择商品主图图片，图片会自动上传至图片空间，如图 1-23 所示。

图 1-23 从图片空间中上传商品主图

　　第五步：商品分类。此处虽然不是必填项，但在发布商品的过程中原则上是需要对其进行分类的，具体知识点后面会有详细说明。店铺分类可以在"用户中心"→"卖家"→"商品管理"→"分类管理"中自定义，如图 1-24 所示。

图 1-24　商品分类操作

第六步：根据商品的实际情况，选择商品的具体参数，如图 1-25 所示，可以根据服装商品选择袖长、花型、版式等信息的选择。

图 1-25　填写商品参数

第七步：商品描述图片上传。单击商品描述下方的"图片上传"按钮，将保存于本地的商品描述图片上传至图片空间，如图 1-26 所示。

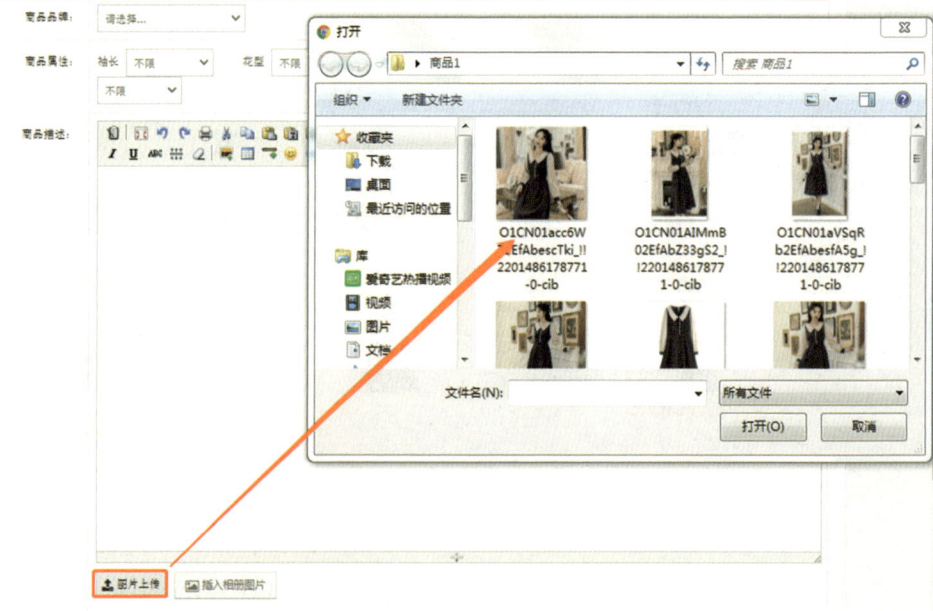

图 1-26　将商品描述图片上传至图片空间

单击"插入相册图片"按钮后会自动跳出已上传至图片空间的图片，单击所选的图片即可将图片插入商品描述框中，如图 1-27 所示。

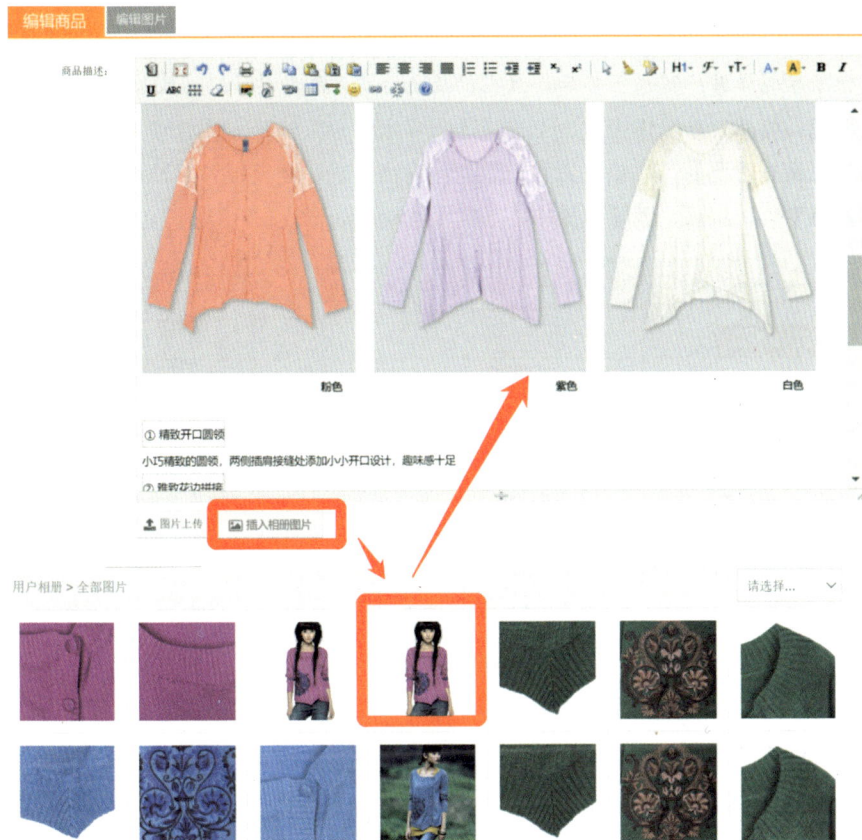

图 1-27　从图片空间中上传详情页素材

第八步：将"商品物流信息""发票信息""其他信息"等补充完整后，单击"立即发布"按钮或"放入仓库"按钮即完成商品发布的全部操作，如图 1-28 所示。

图 1-28　商品物流、发票及其他信息

小 贴 士

物流信息内容在后面"运费模板制作"专题知识点中介绍。

拍下减库存：客户只要下了订单，无论是否付款，库存总数量会自动减少。

付款后减库存：客户下单后，只在付款之后库存总数量才会自动减少。

至此，商品发布操作完成。可以进入"卖家中心"→"商品管理"→"出售中的商品"页面查看此商品，也可以在此页面中对商品进行橱窗推荐或取消操作，还可以进行商品下架、编辑、删除等操作，如图 1-29 所示。

图 1-29　"出售中的商品"页面

除可以从本地上传商品描述图片外，还可以将其提前上传至图片空间，从图片空间中调用，直接插入商品描述界面。

从"卖家中心"界面单击进入图片空间，如图 1-30 所示。

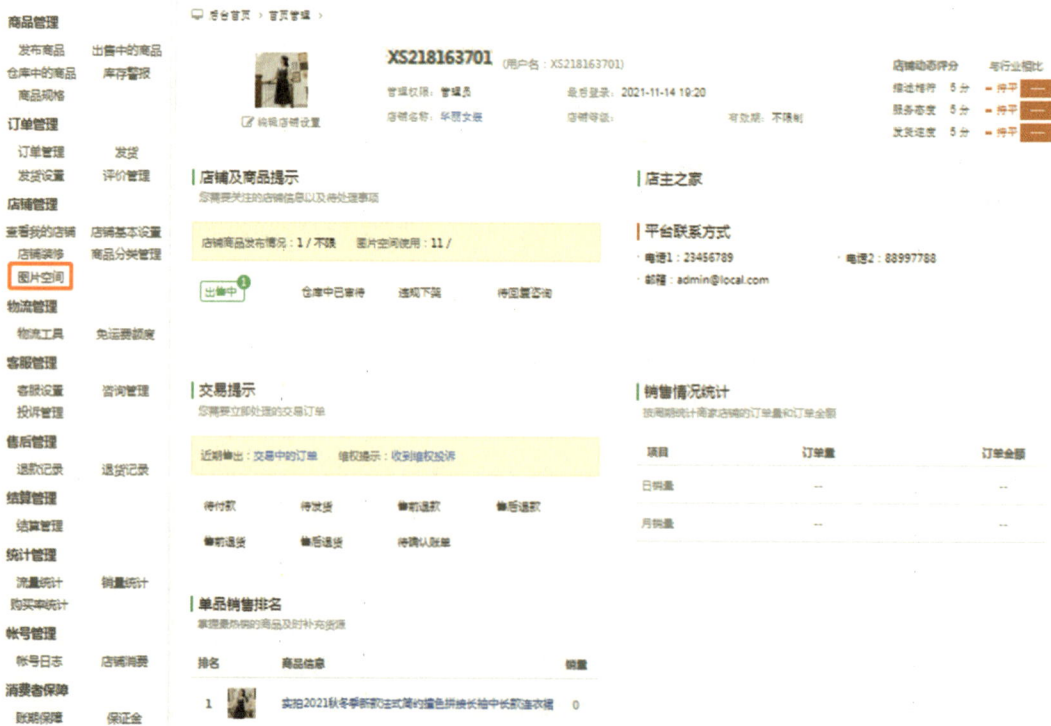

图 1-30　图片空间进入界面

单击"图片空间"界面中右上角的"上传图片"按钮，选择本地图片后单击"打开"按钮进行上传操作，如图 1-31 所示。

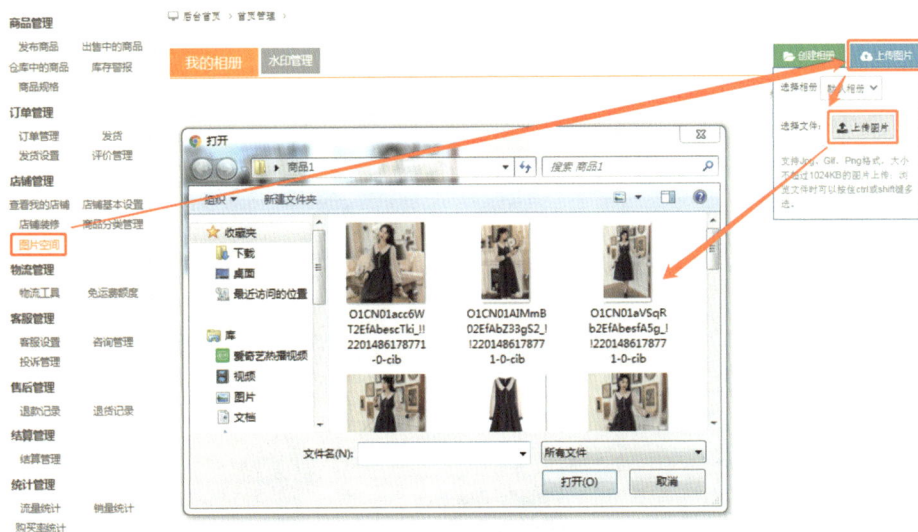

图 1-31　图片空间上传图片操作界面

上传成功后单击上传的文件夹，即可看到该文件夹中的图片，如图 1-32 所示。

图 1-32　查看已经上传的图片

小技巧：若图片空间中图片过多，可以在"上传图片"按钮旁单击"新建文件夹"按钮，按照实际需求对即将上传的图片进行分类保存。

4. 模拟供销系统上货

模拟供销系统上货是借助教学平台中的供销系统模拟操作的，将商品上架到模拟商城中，对标真实第三方供销模拟平台上货步骤进行操作。

第一步：登录模拟商城后单击"供销系统"按钮进入模拟供销系统界面，如图 1-33 所示。

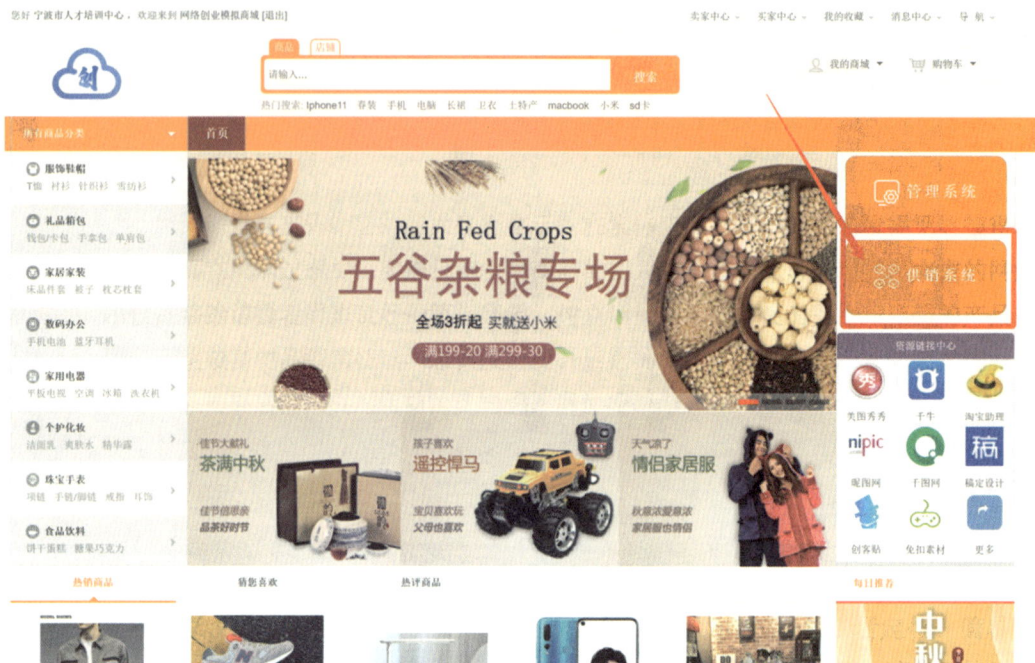

图 1-33　从教学平台进入模拟供销系统

第二步：进入模拟供销系统后可以看到导航栏中的"商品管理""信息管理""订单管理""顾客管理""店铺管理""财务管理"等模块内容，如图 1-34 所示。

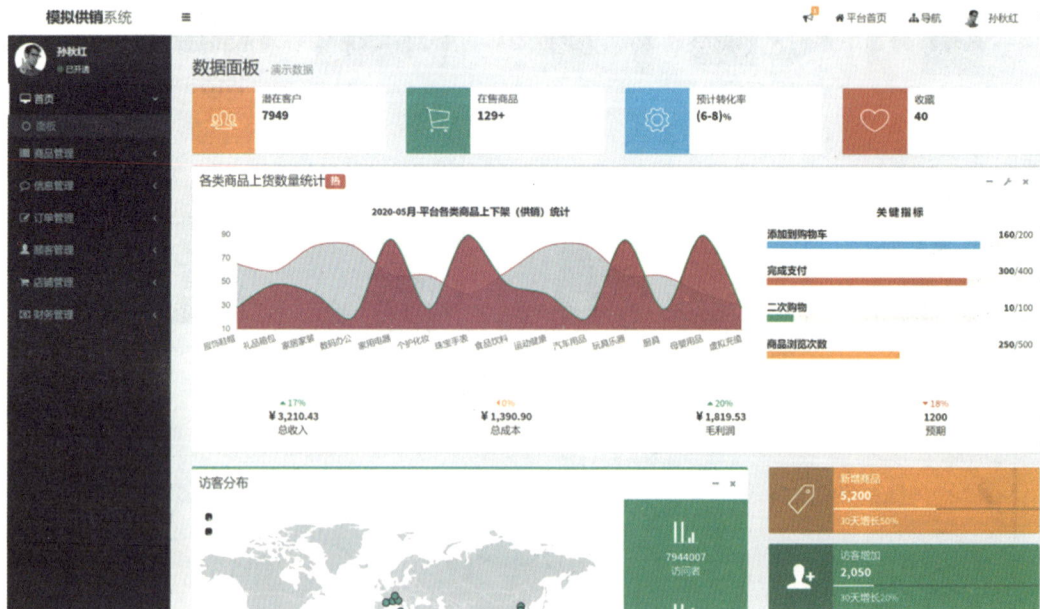

图 1-34　模拟供销系统界面

第三步：商品管理。在导航栏中执行"商品管理"→"商品信息"→"商品上传"命令，界面中会跳出系统自带的商品，根据实际情况单击商品后的"我要上传"按钮，即可完成商品自动上传到模拟商城中的操作，如图 1-35 所示。

图 1-35　模拟商城店铺商品上传操作界面

第四步：选择导航栏中的"订单管理"选项，在该界面中可以看到"订单信息""订单生成""订单售后"等界面，可以模拟演示这几项操作，如图 1-36 所示。

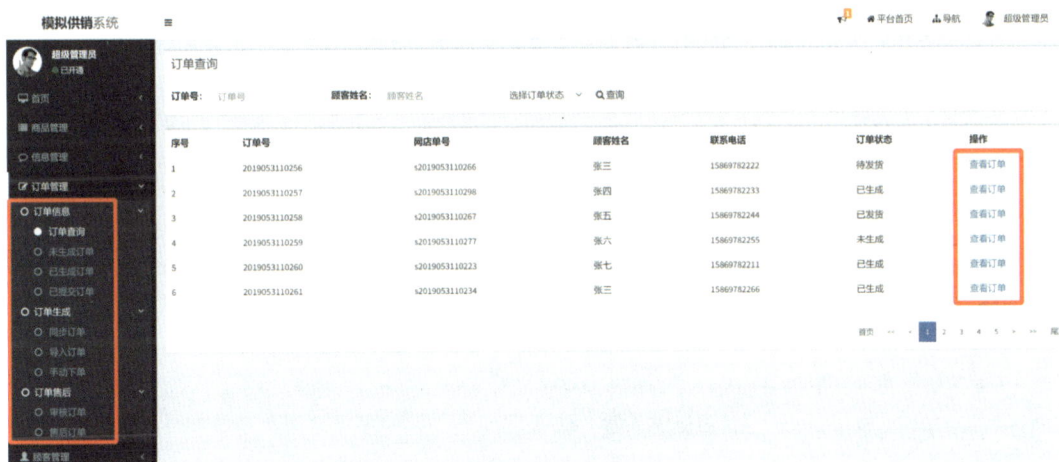

图 1-36　模拟订单管理操作界面

第五步：选择导航栏中的"顾客管理"→"顾客信息"选项，可以显示后台客户购买商品的订单详情，包含相关数据信息，可以单击"发送营销信息"按钮模拟演示客户维护，如图 1-37 所示。

图 1-37　顾客管理界面

第六步：选择导航栏中的"财务管理"选项及其下的二级选项，可以进入财务管理界面，并且模拟账号修改及添加操作，如图1-38所示。

图1-38　财务管理界面

【实训总结】

通过本部分的实训操作，我们知道了在电商创业过程中货源的重要性和货源寻找的途径、方法，同时了解到电商平台常见的行为及违规处理措施。在此基础上，我们重点进行了店铺注册的实训操作，并通过自主上货和供销系统上货两种方式掌握了电商平台开店的全流程操作方法。

商品管理　第二章

第一部分　知识准备

商品管理主要针对四大部分，即商品标题、商品主图、商品描述、商品定价。对于电商平台来说，商品标题尤为重要，是重中之重，它可以决定客户能不能通过标题找到店铺中的商品；其次是商品主图，它关系到客户想不想深入了解店铺中的商品，并进入店铺查看；再次是商品描述，它影响到客户是否喜欢店铺中的商品；最后是商品定价，它会影响到客户会不会购买店铺中的商品。因此，商品管理的内容非常重要。

一、商品标题

1. 商品标题的认识

（1）商品标题的重要性。商品标题是对商品本身进行概括的文字描述。当消费者想要在淘宝、京东或其他电商平台购买某种商品时，不能很直观地看到商品，也不像实体店一样能亲身体验，所以，消费者一般会通过电商平台或网络搜索的引导进行搜索，来快速查找自己需要的商品。商品标题的重要性主要体现为通过搜索需求，对店铺的流量产生影响；对商品进行概括描述，既要概括得全面，又要总结得到位，从而满足客户的消费需求。

（2）商品标题的构成。电商平台买家的搜索词五花八门、千奇百怪，每个人的想法和其对需要买的东西的了解程度不同，如同一个东西在不同省份或地区的叫法不同，例如，北方的菜花在南方叫作花菜。作为卖家，这些普遍的情况或特殊的情况都应该需要知晓，这样就可以避免商品标题错乱。

因为商品标题会直接影响消费者在搜索该类商品时店铺是否会靠前排列出现在消费者面前，所以要合理利用字数和字符进行商品标题的撰写。例如，在淘宝平台上，商品标题一般可以写30个汉字或60个字符。

在一般的电商平台中，商品标题主要包括品牌词（如"哥弟"）、修饰词（如"雪纺""修身"）、商品名称（如"女生短裙""连衣裙"）、促销词（如"买二送一"）等，如图2-1所示。

编辑商品标题时，是否添加品牌词要依据商品自身的品牌，如果知名度很高就要添加，如果知名度低，即使添加上去，买家也不会搜索，这就会降低搜索率。商品名称就是卖什么商品就写什么商品。促销词主要是看是不是需要促销，或者在哪个阶段促销。修饰词还是比较重要的，每件商品可以用很多修饰词来形容，如一件衣服，有很多修饰词（修身、显瘦、高雅、居家等），所以，如何为商品选择合适的修饰词很重要。

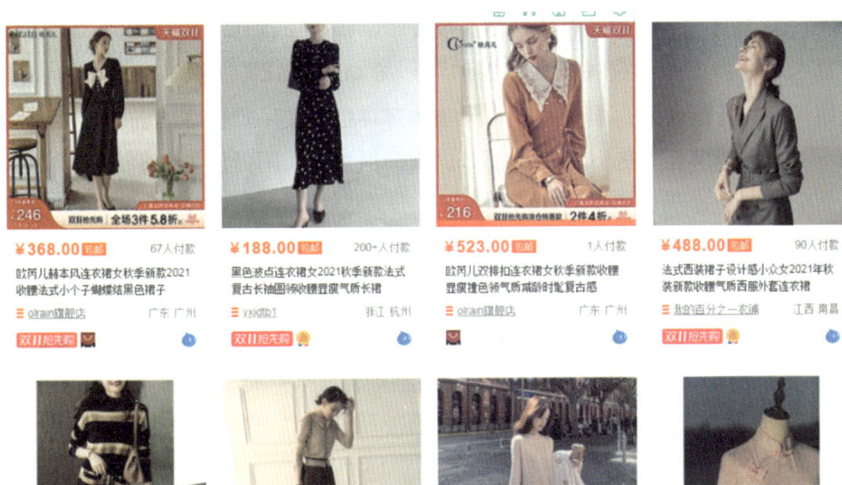

图 2-1　商品标题呈现内容

2．商品标题制作方法

商品标题中的品牌词、产品词都是本身存在的，而修饰词是需要通过一定的方法和途径来制作的。可以通过以下几种方式获取修饰词。

（1）搜索栏联想。在淘宝首页的搜索栏中输入商品时，下拉框中会出现相应产品的修饰词，它们就是淘宝平台消费者搜索关于该商品的信息时用得最多的修饰词，如图 2-2 所示。

图 2-2　搜索栏联想展示

（2）借鉴优质修饰词。一般在搜索商品时，平台界面中会出现一些词语供参考，这些词语可能是近期比较热门的或是搜索量大的，如图 2-3 所示。

图 2-3　选购热点等优质修饰词

图 2-4　商品本身属性

（3）商品自身。每一件商品所呈现在人们眼前的就是它自身的一些特征，通过肉眼观察和肢体触摸就可以得出修饰词，比如颜色、点缀等，如图 2-4 所示。

可以找出很多可以用来展现产品的修饰词，但是商品平台中商品标题的字数有限，不可能全部写入，那么就要对所找到的修饰词进行筛选，选择出搜索量大的、购买量大的修饰词。

通过找词、选词可以快速将商品标题制作出来，当然在开店铺的过程中，流行的元素和当下的社会热点都是在不断变化的，店铺本身的实际情况也会发生变化，要实时地关注访问本店铺的客户实际搜索的词语，不能盲目跟随热点，而要结合本店铺的实际情况。

二、商品主图

1．商品主图的认识

商品主图是电商平台在商品售卖页的第一屏中用于全方位展示商品的图片，一般由 5 张左右不同角度的图片组成（在通过搜索商品标题进入的多个商品展示页面中，吸引买家点击的图片是主图的第一张图，称为首图），优质的商品主图能够吸引客户，传达商品的设计理念，使客户产生点击的兴趣，从而使商品在激烈的竞争中脱颖而出。

以淘宝为例，商品主图由 5 张产品图组成，每张图片的大小不得超过 3 MB，像素超过 700 px×700 px 的主图还有放大镜的功能，能够使买家看到更多细节，如图 2-5 所示。

图 2-5　商品主图展示

（1）提升点击率。客户在电商平台上搜索想要购买的商品后会进入商品展示页面，客户在该界面中会面对琳琅满目的同类商品，这个时候就会根据不同的商品主图进行挑选，看哪个主图展示的是其所想要的商品，看好哪个就会点击进去查看详情，或者进入店铺。所以，商品主图能够提升店铺的点击率。

（2）关系到品牌形象与店铺定位。商品主图中除有产品展示功能外，还会在不同位置展示商品品牌、促销等相关信息，从而很全面地阐述和展示该商品。

2. 商品主图制作关键要素

（1）图片清晰。清晰的商品主图给人感觉这件商品有好的质量，现在的消费者对商品质量比较看重，商品主图是不是清楚明了，会影响买家是否会进行深入了解，从而决定买不买。淘宝、京东等主流的电商平台为了让买家能够更加清晰地查看商品，一般设有主图放大的功能，所以，制作商品主图时也要考虑图片放大后的效果，即其是否可以展示商品细节。因此，图片清晰是商品主图视觉参考的重要因素，如图2-6所示。

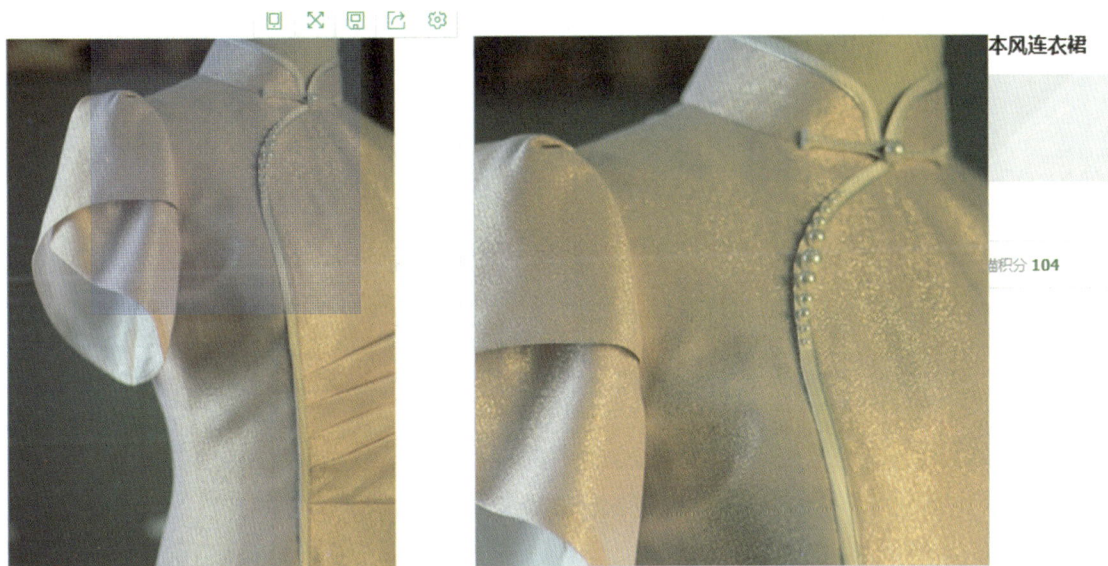

图2-6 商品主图放大显示

（2）背景干净。商品主图是对商品的整个展示，用于吸引消费者点击查看。一些商品的主图上面写满了五颜六色的促销文字，就像"牛皮癣"一样，这种"牛皮癣"一样的文字把商品都遮住了，展现不出商品的全貌，严重干扰了客户对商品自身细节的关注，给人一种"特别不舒服"的感觉，使商品显得特别廉价、不上档次，如图2-7所示。越来越多的电商平台为了提升客户购物体验，对"牛皮癣"商品主图的对应商品进行了限制，在一般的电商平台已经看不到这样的商品主图。所以，商品主图除呈现一些必要的产品元素外，一定要干净、整洁大方，让客户一目了然，简洁大气。

（3）要有相关元素体现。不同消费者对于商品的关注点是不同的，高端消费者关注的可能是品牌、质量，普通消费者关注的是价格、实用性；男性消费者大部分关注实用性，女性消费者关注款式和流行的趋势，所以，为了吸引不同的消费者，需要在商品主图上面体现相关元素，提升商品的点击量，如图2-8所示。

图 2-7 "牛皮癣"商品主图

图 2-8 主图相关元素的体现

三、商品描述

1. 商品描述的重要性

商品描述是指商品详情页的信息，即客户通过点击商品主图所进入的商品售卖页的信息。一般商品描述往往通过图片、文字、视频和声音以网页形式组织起来进行展现，如图 2-9 所示。

商品描述通常包含使用情景的价值塑造、售后信息的传递、促销信息的表达、增强客户购买信心四大类信息。商品描述往往能起到以下三个作用。

（1）提升商品购买转化率。客户通过对商品详情页的观看和试听，可以判断该商品与自身需求是否符合，也可以对商品有更深入和详细的了解，这样可以提高客户购买商品的概率。

（2）增加客户购买信心。网购客户最担心的就是商品质量问题，商品描述通过对商品多角度的详细介绍，对商品质量进行更深入的说明，可以减少客户的各种疑虑。

图 2-9　商品详情描述

（3）体现商品价值。价格是商品价值的货币表现。消费者在网购的过程中，往往会考虑价格因素。在商品描述中如能够对商品的特点、功能、独特性等进行展示，则可以更好地体现商品本身的价值。

2．商品描述制作方法

（1）商品特性描述。通过对商品的性能、外观、材质、功能等属性的描述，突出商品能够给客户带来的功能、利益和效用等，如图 2-10 所示。

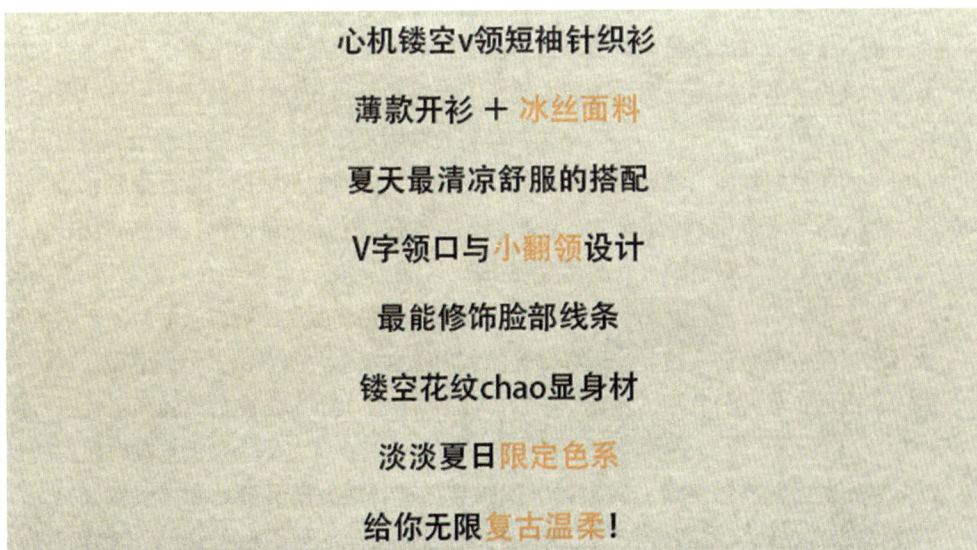

图 2-10　商品特性描述

（2）零风险承诺。由于网购时不能直接接触商品，很多买家担心商品的质量问题，而卖家关于退换货的零风险承诺恰好能打消买家这方面的担忧。很多卖家支持 7 天无理由退换货，甚至还有 15 天、30 天无理由退换货等，如图 2-11 所示。

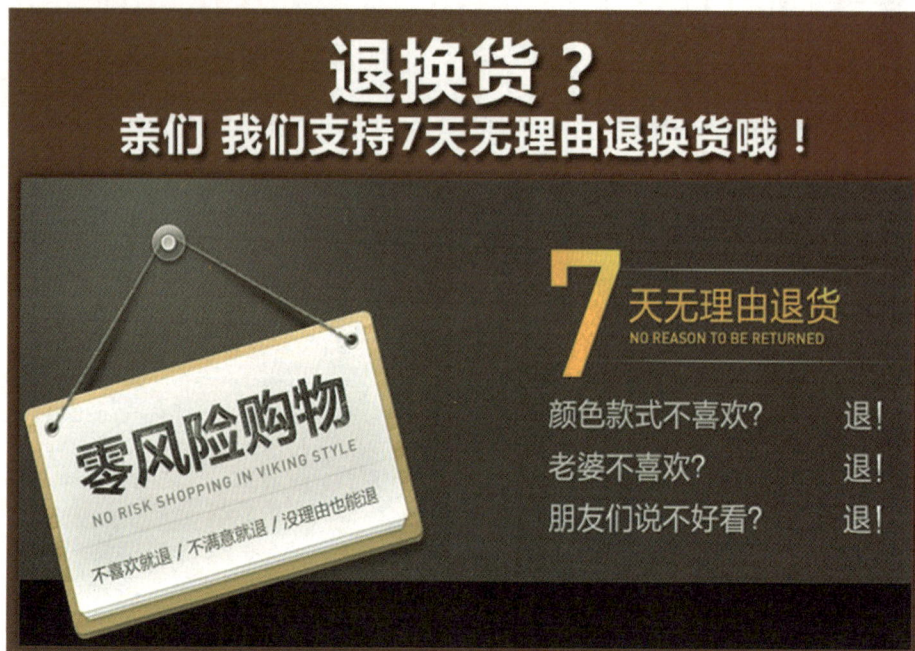

图 2-11　商品零风险承诺

（3）商品证书/权威图片。为了增加客户对商品的信任，打消客户的疑虑，可以通过产品质量检测证书、品牌授权书、线下实体店照片等材料，证明商品品牌的真实性和质量保障性，如图 2-12 所示。

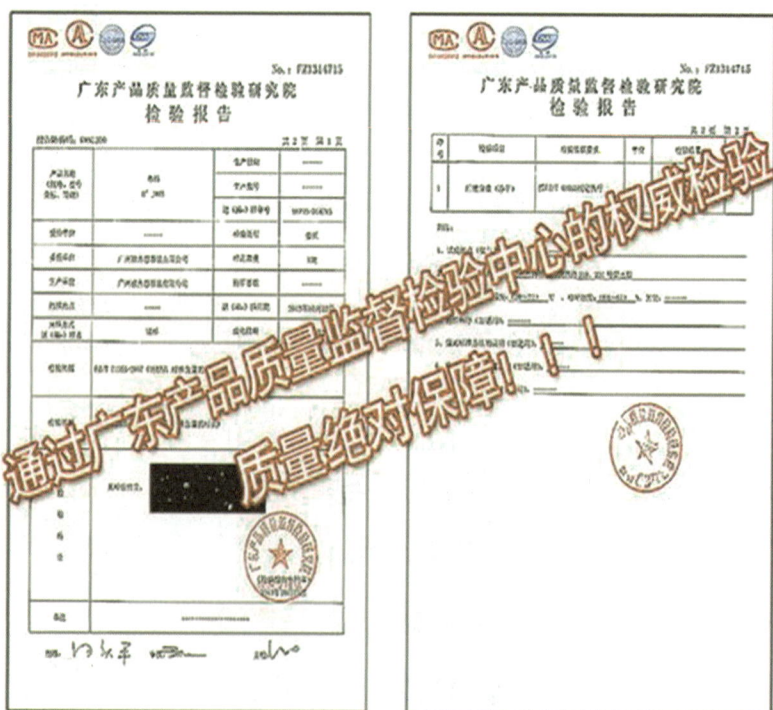

图 2-12　商品证书/权威图片

（4）客户见证。牛群效应是指通过提出"与对方公司属于同行业的几家大公司"已经采取了某种行动，引导对方采取同样行动的方法。特别对电商客户来讲，他们更重视曾经购买该商品的数量及购买者的购后评价感受。因此，客户正面的见证可以促进商品的销售，如图 2-13 所示。

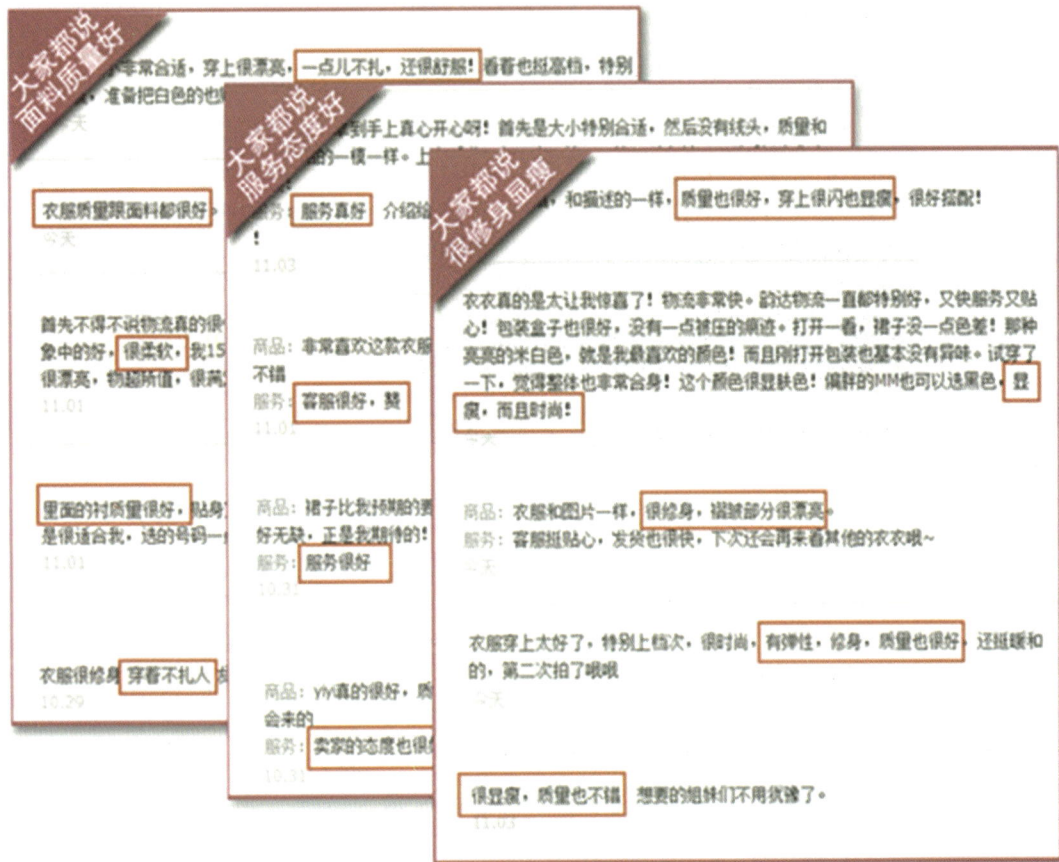

图 2-13　客户见证

（5）价值包装。价值包装有多种表现形式，如商品细节图、原厂生产、明星代言等。在商品描述中应尽可能地体现商品的价值，让客户感受到物超所值，这样有利于更好地促使客户产生购买行为，如图 2-14 所示。

图 2-14　价值包装

（6）灵活促销。很多客户在购买过程中带有冲动性，如能在合适的时机进行灵活促销，如限时优惠、满多少送多少等，会在客户产生购买欲望时尽快地促成购买行为，如图 2-15 所示。

图 2-15　灵活促销

（7）再次承诺。客户产生购买欲望后，必须通过再次承诺促成客户产生购买行为。客户购买并不意味着整个销售过程结束，为了吸引更多的回头客，或者让商品有更好的口碑，应再次承诺商品的质量及售后保障，使客户无后顾之忧，如图 2-16 所示。

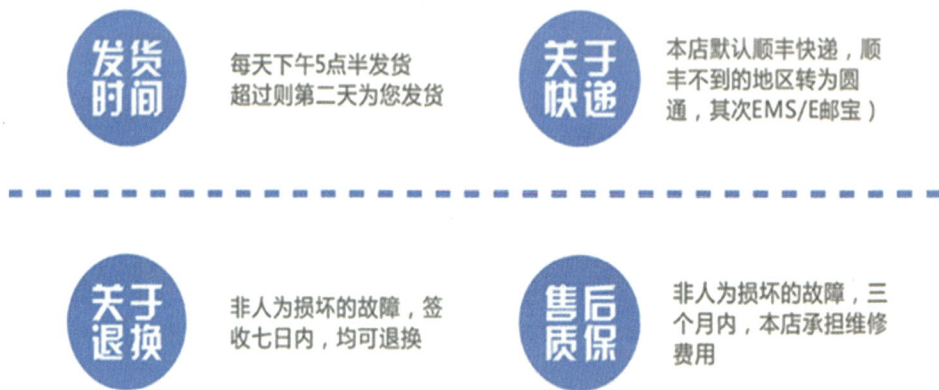

图 2-16　再次承诺

以上商品描述的七步法是通用的，商品描述还应考虑图片的数量和质量、图文的比例及不同客户对不同商品的关注点，因此，在具体的实操中还要根据实际情况进行调整。

四、商品定价

1. 商品定价的认识

价格是客户为获得、拥有和使用商品的利益而支付的货币总额。客户对商品产生购买兴趣后，最终是否决定购买，还有一个非常关键的因素就是商品的定价，如图 2-17 所示。

图 2-17 商品定价

商品定价的重要性主要体现在以下三个方面。

（1）获取预期利润。卖家最终的目的是盈利。合理的定价在某种程度上能够吸引一定的消费者，促进顾客的购买，这样会给卖家带来预期的利润。但如果定价不合理，有可能会导致店铺亏本，甚至无法经营下去。

（2）获得市场占有率。有些卖家通过定价可以控制其在市场中的地位，并不断地提高市场占有率。在单位产品价格不低于可变成本的条件下，制定尽可能低的价格，不仅可以吸引客户购买商品，还可以快速获取市场。

（3）对竞争产生一定的影响。商品定价的高低会引起市场竞争。如商品定价较高，可获取的利润也相应会提高，这样会引起其他卖家销售同类产品，从而刺激竞争加剧。因此，卖家在定价的过程中，还应考虑竞争的因素。

2. 影响商品定价的因素

（1）商品的定位。任何一个商品都应有其定位。由于功能定位不同，可以有爆款、引流款、利润款、常规款等。例如，引流款的价格可以定于商品成本进行销售，主要目的是销售更多数量的该商品，从而带来引流的效果。

（2）商品的成本。影响商品定价最基本的因素是产品的成本。从长远来看，任何商品的销售价格都应该高于成本，这样才能以销售收入抵偿生产成本和经营费用。特别是由于电商营销的模式特点，对商品定价不仅要考虑商品本身的成本，还要考虑店铺的运营成本等。通过合理的定价，可以有效地降低风险，提高利润。

（3）客户的购买力。客户的购买力是影响商品定价的因素之一。网络购物的特点为卖家制定更加灵活的定价策略提供了可能性。卖家可以用低于客户购买力的价格吸引规模庞大的网络消费者，也可以用接近客户购买力的价格，通过网络营销的长尾效应，获取足够的收入，甚至可以有意超出客户购买力定价，从而得到特殊的营销效果。

（4）市场需求的变化。与线下市场相比，线上市场的需求变化更快。因此，在定价的时候应考虑消费者的购买时间、消费心理、需求的紧迫性，甚至宏观环境对供需产生的影响。

3．商品定价方法

（1）黄金定价法。目前，比较流行的电商定价法就是黄金定价法，即价格＝最低价＋（最高价－最低价）×0.618。

例如，某类商品在全网有销量的列表中，最高价为 880 元，最低价为 360 元，则考虑该类商品定价大概为 360＋（880-360）×0.618=681.36（元）。

（2）成本导向定价法。成本导向定价法是一种主要以成本为依据的定价方法，即以商品的进货成本为依据，加上店铺经营者期望得到的利润来确定所卖商品的价格。

例如，一件衣服的进货成本是 80 元，利润是 20 元，则定价为 100 元。但成本并不只包括商品的进价，还应该包括店铺运营的一些费用，如人工成本、店铺运营成本、促销成本等，需将这些费用计算进成本。

（3）需求导向定价法。需求导向定价法是以市场需求强度及消费者感受为主要依据的定价方法。这种定价方法主要适用于店铺的商品比较独特或同质性不强或领先进入销售的商品等。例如，店铺设计的商品具有独特性，即使成本不高，定价时也可以考虑提高价格。

（4）竞争导向定价法。竞争导向定价法是根据销售同类产品的店铺定价，来确定自身店铺商品的价格。特别是对刚开新店的卖家，由于信用度、好评率低，可以将竞争对手的定价作为参考依据，且可适当降低一点。

（5）同价销售法。同价销售法是利用消费者的好奇、求廉心理，对店铺中所有的商品设定一口价，或开设 5 元专区、10 元专区等，让消费者任意挑选。这种定价法一般适用于价格较低的产品，以起到招揽客户的效果。

另外，在商品定价中，还可以通过促销定价法来吸引消费者的眼球。

（1）分割法。价格分割是一种常用的心理定价策略。例如，将每千克的茶叶价格 500 元报成每 50 克 25 元。店铺通过这样的定价，让消费者在心理上有种价格低廉的感觉。同时，如买家按价格排序搜索商品时，可以提高商品的排位名次。

（2）特高价法。部分消费者有崇尚高价的心理，以价格判断质量，认为高价代表高质量，因此，当新产品刚进入市场时，把价格定得远远高于同类商品，以吸引客户的注意力，引导客户点击该商品以达到引流的作用，再通过推荐关联其他商品达到销售的目的。

（3）低价法。利用部分消费者的求廉心理，特意将产品的价格定得较低以吸引客户。价格低，一方面能够使新产品尽快地进入市场，让更多的消费者购买，从而提高市场占有率；另一方面由于利润过低，能有效地排斥竞争对手，使自己长期占领市场。这种策略适用于一些实力强大、资金雄厚的经营者。

（4）尾数定价法（也可以称为非整数定价法）。该方法即利用消费者对数字认知的特殊心理制定带有零头的价格，使消费者产生价格较低廉的感觉，还能使消费者产生卖家定价认真的印象。这种定价策略经常能较好地激发消费者购买商品的欲望。

（5）弧形数字法。这是一种利用弧形数字的较小刺激性来确定价格的方法，也称为价格数字偏好法。根据国外的调查，商品定价所使用的数字，按出现频率排序，依次为"5，8，0，3，6，9，2，4，7，1"，这些都不是偶然的现象，究其原因，就是客户消费心理在起作用。"5，8，0，3，6"等带有弧形的数字刺激性较小，易为客户所接受。不同的国家对数字文化也有较大差异。如在中国，因为谐音关系，很多人喜欢用"8"和"6"，而法国人喜欢用"7"，因为"7"代表幸运和祝福。

第二部分　实训操作

【实训主题】

商品管理。

【实训目标】

通过本次实训内容，帮助学生明确商品管理的重要作用，优化自己的店铺商品，吸引更多的商品搜索量。

【实训场景】

学生在学习商品标题、商品主图、商品描述、商品定价的相关知识后，在导师的指导下进行"华丽女装"店铺的商品标题、商品主图、商品描述、商品定价的修改优化。

【实训内容】

学生在自己开设的店铺中，根据自身店铺的特点、出售商品的特性和市场的环境，对商品进行修改和优化。

【实训操作】

登录 https://www.ningbochuangye.com/ 进行网络创业实训，登录自己的账号，输入自己的账号和密码，进入模拟商城（本部分以"华丽女装"店铺为例）。

第一步：进入模拟商城"卖家中心"，选择"出售的商品"选项，在右侧商品列表中单击"编辑"按钮就会进入商品信息编辑页面，如图 2-18 所示。

第二步：进入商品信息编辑页面，单击"编辑商品"按钮，再按照商品标题制作的方法进行标题修改，如图 2-19 所示，在出售的商品中有这样一件针织衫，在之前上传商品时只是简单地标明它是针织短袖女夏，现在根据前面的知识点进行修改。首先商品标题过短，一般都是 30 个汉字或 60 个字符，所以要通过搜索栏联想、借鉴优质修饰词、商品本身特性来进行修改。在淘宝平台上搜索"针织短袖"，就会出现很多修饰词，如"学生""套头""简约""夏季"等，如图 2-20 所示，可以加上"简约"修饰词；可以根据搜索淘宝的界面借鉴优质修饰词来进行修饰，如图 2-21 所示，

如可以加上"冰丝"这样的优质修饰词；再关注商品本身特性，它是一件比较修身的服装，采用镂空、开衫和翻领的样式，根据商品本身的特性加上"镂空""开衫""翻领"等修饰词；也可以根据时下流行的元素和当下的社会热点来添加修饰词，如添加"复古"；还可以根据夏天搜索较多的"防晒"来添加"防晒"。将以上因素结合，将商品标题制作成淘宝名称"镂空冰丝防晒开衫复古纯色翻领短款法式上衣针织短袖女夏"，如图 2-22 所示。

图 2-18　进入商品信息编辑界面

图 2-19　针织短袖图

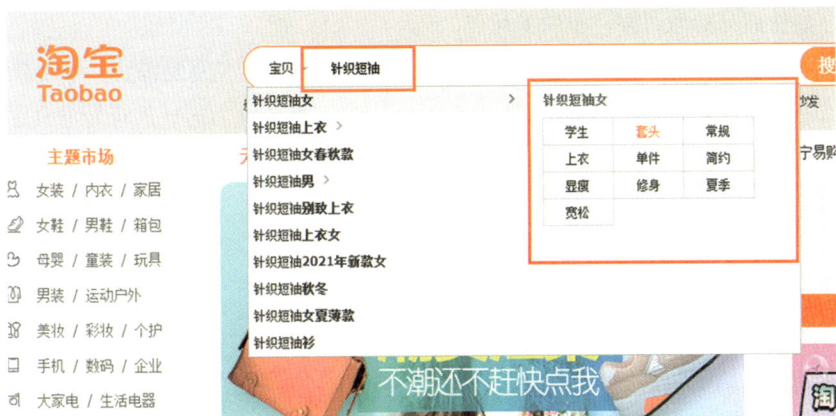

图 2-20 淘宝搜索界面

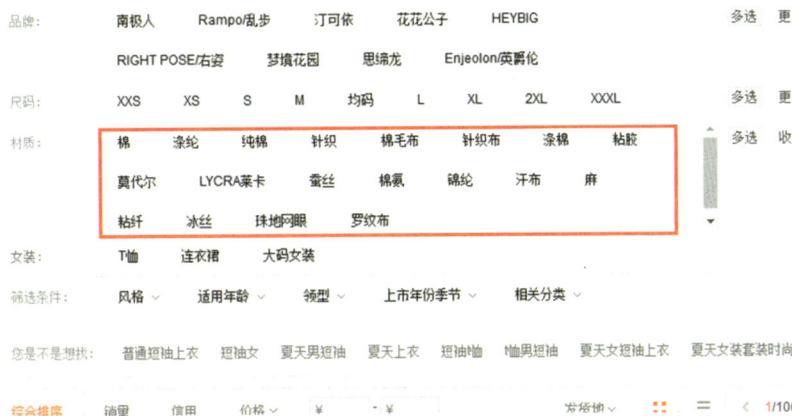

图 2-21 借鉴优质修饰词

第三步：根据成本导向定价法进行商品定价。这件短袖的进货价是 50 元，再加上一些人工费、电费等成本，成本价总共是 80 元，利润是 40 元，则定价为 120 元。但考虑到是新手开店，店铺的信用度和好评率低，可参考竞争对手的价格，进行适当降低，根据竞争导向定价法，最后确定衣服出售价格为 95 元，如图 2-22 所示。

图 2-22 商品名称和商品价格修改界面

在制作商品标题时要注意以下几点。

（1）避免使用大量的类似或重复标题。标题多样化可避免重复铺货、堆砌品牌。

（2）不要使用特殊符号如"（）<> << >> []"，系统认为这样的符号没有意义，商品易被屏蔽，可以使用"/"或空格。

（3）注意过滤敏感词，如"高仿""山寨"等。

（4）不要盲目对已经是爆款的商品进行标题优化。

（5）不要频繁操作标题关键词优化，以免搜索降权。以 7 天为周期，每次优化不超过 6 个字符。

第四步：向下拉网页，在"商品详情描述"部分，根据商品描述的制作要求进行修改优化，除上传短袖的各个方面细节图、零风险承诺、价值包装等，可以根据产品特性描述，通过对这件针织短袖本身属性的描写，表现商品的利益点和特点。这件针织短袖的特点是采用了冰丝面料，夏天穿起来十分舒服，还有一个小翻领的设计，所以，可以利用美图秀秀软件进行设计，将这些商品特点都展示出来，如图 2-23 所示。还可以根据本店所特有的风格进行防盗风格保证等，如图 2-24 所示。

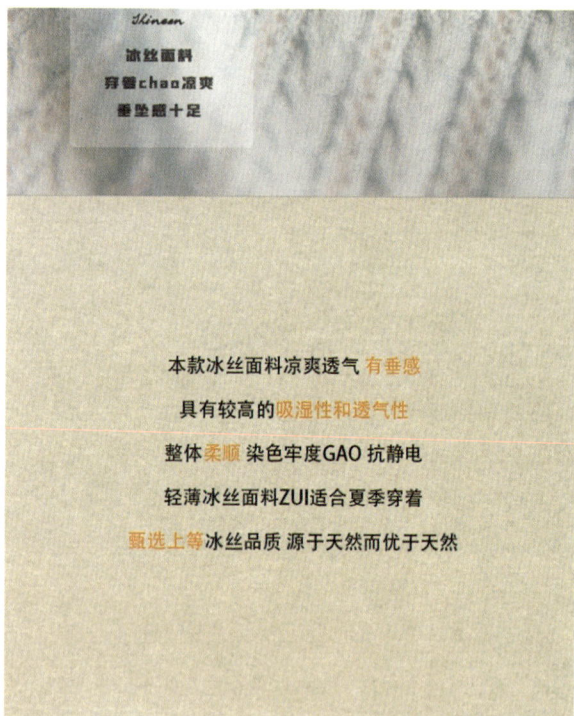

图 2-23　商品特点描述

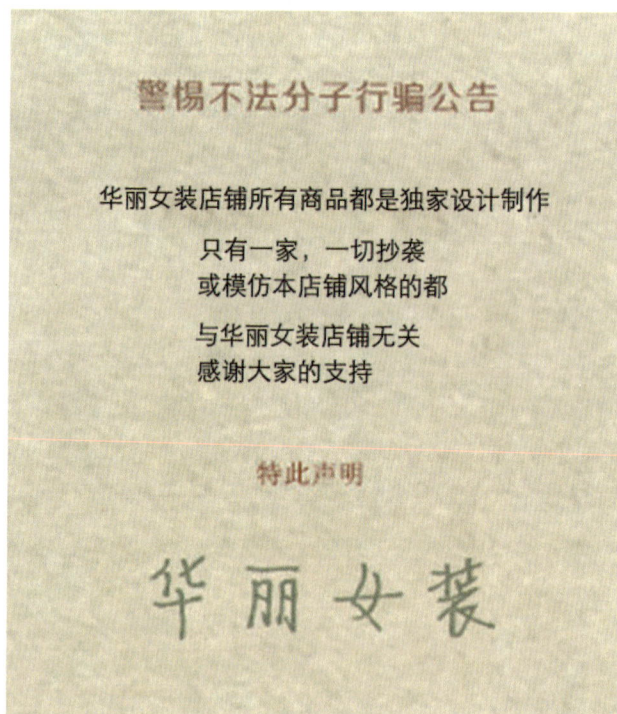

图 2-24　防盗风格保证

将这些商品描述图片做完后，单击"插入相册图片"按钮，上传修改完成的商品描述图片，如图 2-25、图 2-26 所示，然后单击"立即发布"按钮即可，如图 2-27 所示。

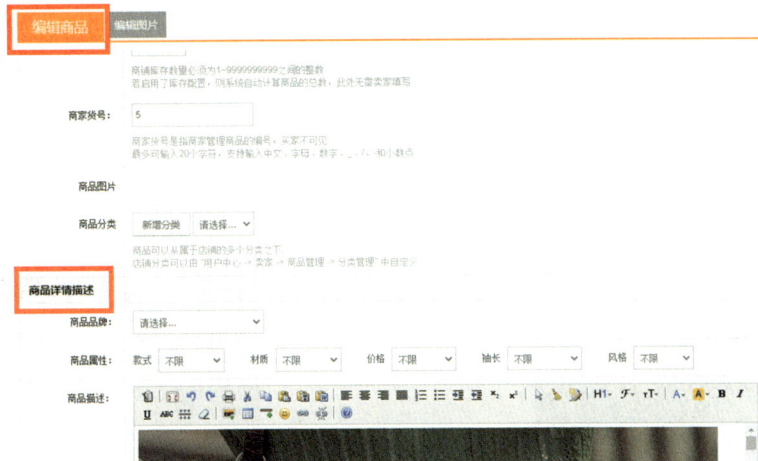

图 2-25 商品描述修改界面

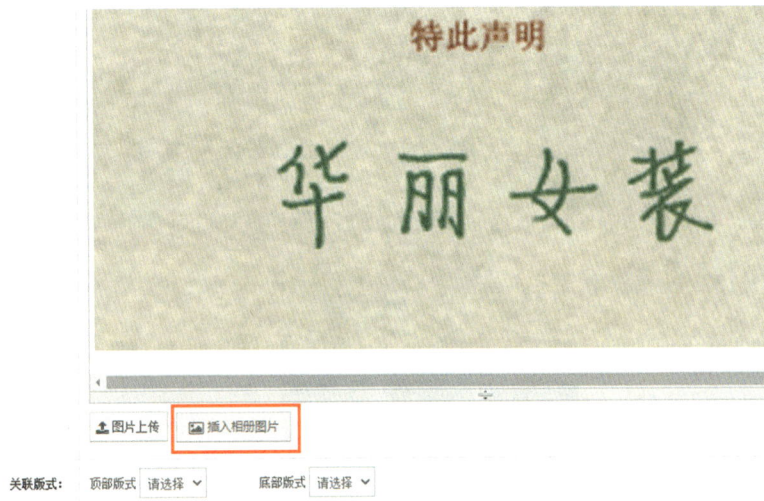

图 2-26 插入相册图片

图 2-27 单击"立即发布"按钮

第五步：进入商品信息编辑界面，单击"编辑图片"按钮，之前上传图片时可能只有一张图片，或者图片分辨率比较低，没有放大功能，现在要按照商品主图制作的关键要素进行修改，用分辨率较高的图片替换分辨率较低的图片，使其有放大功能，如图2-28所示；也可以在图片上添加店铺名称及加上领取优惠券提示等，但是图片不能花哨，要保持清晰，如图2-29所示。删除原来上传的商品主图，添加修改好的商品主图，如图2-30所示，修改后单击"提交"按钮即可。

图 2-28　分辨率低的商品主图

图 2-29　添加店铺名称及领取优惠券提示

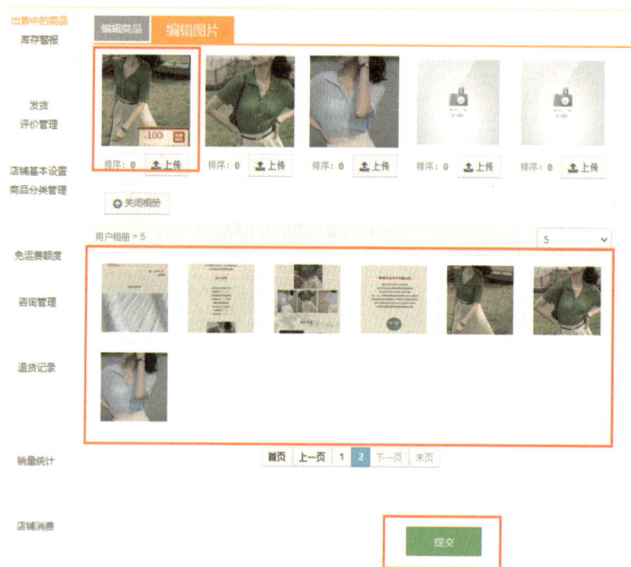

图 2-30　商品主图修改界面

【实训总结】

通过本部分的实训操作，有效地认识到商品标题、商品主图、商品描述和商品定价的重要性；掌握商品标题制作的流程，完成商品标题的修改优化；学习商品主图的制作影响要素，完成商品主图的修改优化；按照商品描述的操作步骤，能够按照要求完成商品的详情描述；掌握商品定价方法，并结合实际制定合理的商品价格。通过商品管理提高商品的销售量和店铺的知名度。

店铺装修　第三章

第一部分　知识准备

　　店铺销售与实体销售的最大区别在于，在实体店中，客户能实地看得见、摸得着商品，而在网购过程中，客户只能看见商品的图片展示，因此，设计美观大方的网店不仅能够给消费者带来良好的第一印象，树立店铺的形象，使消费者对店铺的产品或服务产生较高的品牌信任度与忠诚度，提升店铺的转化率和客单价，还能通过统一的视觉形象提高店铺成员对店铺的认同感，增加凝聚力。

一、店铺装修需考虑的因素

1．网店定位

　　卖家在装修店铺时，要清楚了解自己的商品和市场定位、消费者定位。简单来说，就是你是卖什么的？你想把什么卖给谁？想把同样的商品卖给同一消费群体的还有谁？网店是一切策略的基础。店铺装修的细节、主题、色彩等都是需要去仔细思考的，这些都能体现出产品的文化和品牌的形象。

　　如以卖婴儿产品为主的店铺，消费群体主要是年轻的爸爸妈妈，更多的是妈妈，妈妈们这个时候刚生产完，心情是喜悦的，可由于睡眠不足，容易烦躁，所以主色调尽量选择清新淡雅的颜色，这样可以缓解她们焦虑的心情，从而增加店铺的黏度，如图 3-1 所示。

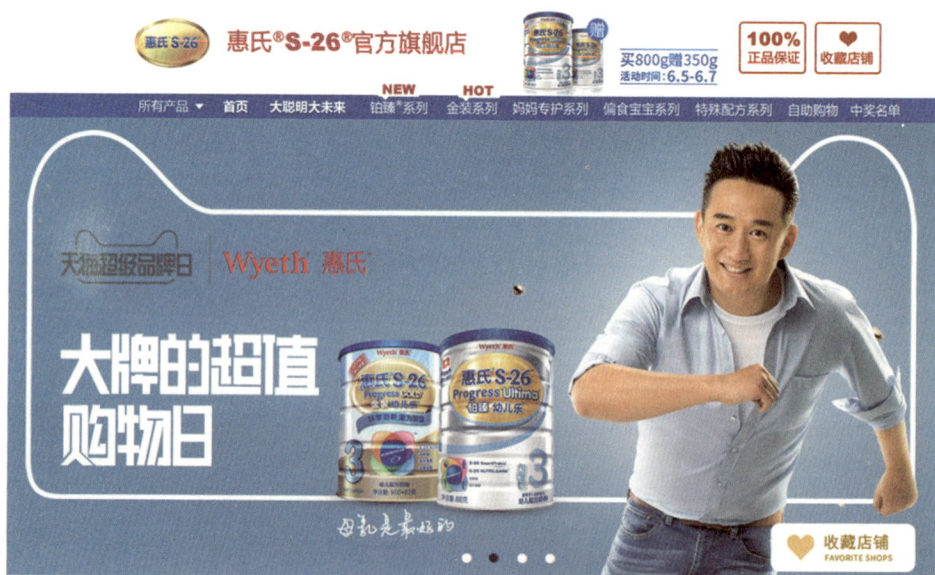

图 3-1　突出网店定位店铺首页示意

2．用户体验

店铺装修的目的是增加客户访问深度和转化率，促成交易。但是，网店没有传统店铺中营业员作引导与促销的优势，为增加客户访问深度和转化率，网络店铺装修要在引导买家进入某些页面或购买某些商品等功能上作重点布局。网店商品的正确分类是进行功能布局的一条重要思路，商品分类的主要目的是方便客户查找。初进店铺的客户可能只对某一款商品感兴趣，但他（她）在了解该商品的过程中会产生对相关商品的兴趣，同类商品放在一起可起到对比参考的作用，促进交易。功能相近的商品放在一起便于查找和选择，而价格相同的商品归为一类则更容易促进销售，如建立"1元区""10元区""活动促销区""积分兑换区"等，如图3-2所示。

图 3-2　突出用户体验的店铺首页示意

3．浏览路径

浏览网店时留下的视觉轨迹就是浏览路径，进行网店布局设计时，就需要在视觉轨迹中把自己需要展现的产品突出地展现给消费者，尽可能地引导消费者的目光按照自身店铺设计的视觉路径浏览，这种设计就叫作视觉的动线设计。视觉动线设计在传统百货行业有着比较广泛的运用。在国内，大部分人习惯用右手写字，习惯靠右行走，习惯从左边浏览，所以很多顾客进入一家专卖店，首先会从左侧进入，从左往右大致地过目店内全部的商品，进入专卖店以后才开始细看。根据这种特性，实体店做视觉动线时，会在店铺中间位置也就是中岛区域用模特进行特殊陈列，吸引消费者的关注，在摆放商品时也会根据视线的移动进行商品的调整。对于网店首页来说同样存在视觉动线，同样可以根据视觉的动线设计，达到突出产品的目的。通过普通的视觉浏览路径，常规的动线是"Z"形或"W"形的浏览轨迹，如图3-3、图3-4所示。

图 3-3　"Z"形浏览轨迹

图 3-4　"W"形浏览轨迹

在这样的常规浏览路径里，就设计的动线主线来说，通过这样的常规设计和规划可让消费者快速寻找到令其满意的商品。

二、店铺装修的主题设置

除了前面所述店铺装修需考虑的因素，还需确定店铺主题，通常情况下，店铺装修主题主要根据店铺活动、根据单品推广、根据品牌文化三个方面来设定。

1．根据店铺活动设定主题

（1）电商平台促销活动。各大电商平台为了吸引更多的消费者往往会推出各项促销活动，对于网店店主而言，若申报成功电商平台的活动，在店铺装修时就应该根据活动设定店铺装修的主题，如图 3-5 所示。

（2）店铺常规活动，如换季、节日等。参加官方活动的费用较高，且需要具备相应条件，因此，店铺也可以尝试结合时下节点，自主开展一些促销活动。最常见的就是节庆、店庆、清仓等节点，如图 3-6 所示。

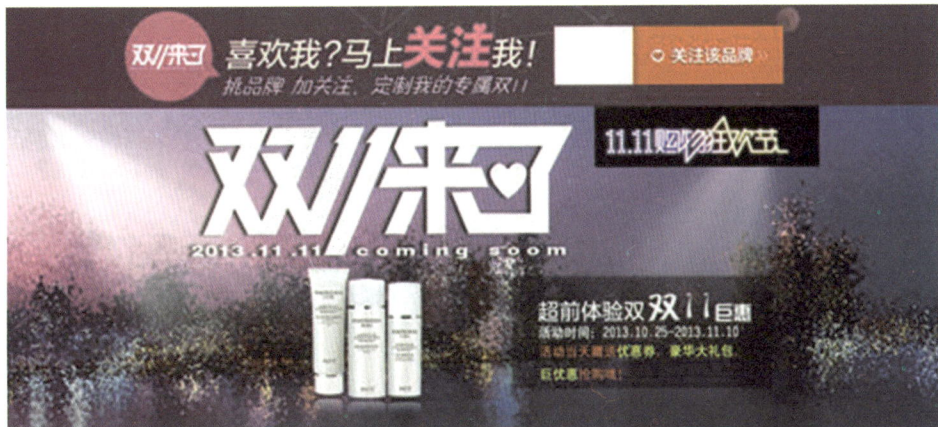

图 3-5 根据电商平台活动设定主题的店铺首页示意

图 3-6 根据店铺常规活动设定主题的店铺首页示意

2. 根据单品推广设定主题

新品上市往往会重点进行推广，以产品为首屏主题的设计都有一个共同点，即这款产品在本店铺占有至关重要的地位。首屏推广对这款产品的销售有极大帮助，当然，所推广的必须是一个好产品，才能让店铺的知名度、影响力越来越大，进而带动店铺的销售，如图 3-7 所示。

3. 根据品牌文化设定主题

网店为了扩大自身的影响力，获得更多有质量的客户，首选就是对自身的商品品牌进行推广，品牌可以从背景、文化方面设计主题，或用自己的品牌故事来做文章。达到一定认知度的品牌及在行业中有一定知名度的品牌可以讲历史、讲传承，如图 3-8 所示。

图 3-7　根据单品推广设定主题的店铺首页示意

图 3-8　根据品牌文化设定主题的店铺首页示意

三、店铺页面布局原则

　　页面在设计上有许多共同之处，如报纸等，也要遵循一些设计的基本原则。熟悉一些设计原则，再考虑页面的特殊性，便不难设计出美观大方的页面。店铺页面设计有以下基本原则，熟悉这些原则将对店铺页面的设计有所帮助。

（1）主次分明，中心突出。在一个页面上，必须考虑视觉的中心，这个中心一般在屏幕的中央或在中间偏上的部位。因此，一些重要商品或内容一般可以安排在这个部位，在视觉中心以外的地方就可以安排那些稍微次要的内容，这样在页面上就突出了重点，做到主次有别。

（2）大小搭配，相互呼应。对待商品展示的多个图片的安排要互相错开，使大小图像之间有一定的间隔，这样可以使页面错落有致，避免重心偏离。

（3）页面布局时的一些元素。这些元素包括格式美观的正文、和谐的色彩搭配、较好的对比度、具有较强可读性的文字、生动的背景图案、大小适中的页面元素。同时应布局匀称，不同元素之间有足够空白，各元素之间保持平衡，文字准确无误，无错别字，无拼写错误。

（4）文本和背景的色彩。考虑到大多数人使用 256 色显示模式，因此，一个页面显示的颜色不宜过多，主题颜色通常只需要 2 ～ 3 种，并采用一种标准色。

（5）简洁与一致性。保持简洁的常用做法是使用醒目的标题，标题常常采用图形表示，但图形同样要求简洁，另一种保持简洁的做法是限制所用字体和颜色的数目。要保持一致性，可以从页面的排版入手，各个页面文本、图形之间保持相同的间距，主要图形、标题或符号旁边留下相同的空白。

四、网店素材制作

素材制作，即通过作图工具对收集到的素材进行二次加工，以达到理想的效果。常用的作图工具有美图秀秀、Adobe Photoshop（简称 PS）等。初创时期，建议不要选择过于专业、复杂的作图工具，只要满足基本素材制作要求即可。对于较为复杂和精细的图片，可以选择外包的形式制作。

1. 图片基本认知

在作图的过程中，需要对图片进行基本认知，常见的图片信息包含像素、尺寸、大小、格式等。

（1）图片像素。像素是指图像的小方格，这些小方格都有一个明确的位置和被分配的色彩数值，而这些小方格的颜色和位置就决定该图像所呈现出来的样子。每个点阵图像包含一定量的像素，这些像素决定了图像在屏幕上所呈现的大小。因此，像素是构成数码影像的基本单元，表示影像分辨率的大小。

（2）图片尺寸。图片尺寸的长度与宽度是以像素为单位的，有的以厘米为单位。图片分辨率越高，所需像素越多，例如，分辨率为 640 像素 ×480 像素的图片，大概需要 31 万像素，分辨率为 2 084 像素 ×1 536 像素的图片，则需要多达 314 万像素。通常提到的尺寸是指该图片的宽度 × 高度。

（3）图片大小。图片的大小是根据照片的分辨率来计算的，分辨率越高则图片越大，通常用到的单位有 B、KB、MB、GB、TB 等，因此，图片的大小表示图片占用计算机的存储空间的大小。

（4）图片格式。图片格式是计算机存储图片的格式，常见的存储的格式有 JPG（目前网络上最流行的图像格式，是可以把文件压缩到最小的格式）、GIF（动态图）、PNG（透明背景图）等。

2．常见作图工具介绍

常见作图工具可分为截图类工具和制图类工具。截图类工具有浏览器自带的截图工具、社交软件自带的截图工具、第三方截图软件等，其目的是将所需图片进行截取，变为己用，或对已有图片进行裁剪，变为可用形状等；制图类工具有 PS、光影魔术手、美图秀秀等，其目的主要是对图片进行美化、修改，制作成满足实际需求的图片，如图 3-9 所示。

图 3-9　常见作图工具

3．作图工具的使用

每个工具使用的难易度不同，达到的效果也不同，没有美工基础的大多数电商创业新手可以使用一些容易上手的工具进行组合搭配使用，以达到想要的功能和效果。下面简单介绍几款常见的作图工具。

（1）红蜻蜓抓图精灵。红蜻蜓抓图精灵是一款完全免费的专业级屏幕捕捉软件，能够让用户比较方便地捕捉到需要的屏幕截图，操作界面也非常简单，如图 3-10 所示。

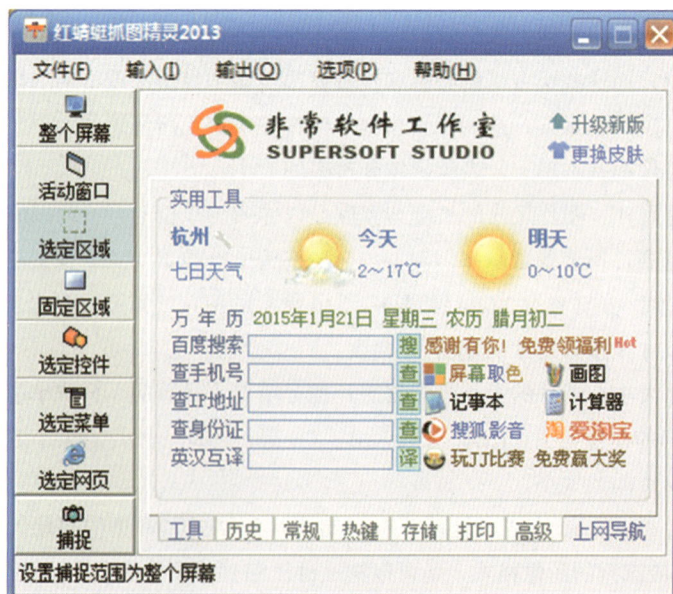

图 3-10　红蜻蜓抓图精灵主界面

红蜻蜓抓图精灵的使用非常简单，当截取图片时，单击操作界面中的"选定区域"按钮，再单击"捕捉"按钮，就会出现捕捉光标"＋"，单击就可以拖动方框选中需要的界面，再次单击就会将选定的界面截取下来（在截图时会出现截取图片像素大小及快捷键按钮提示），如图 3-11 所示，图片截取下来后需要进行另存为操作，如图 3-12 所示。

图 3-11 红蜻蜓抓图精灵操作界面

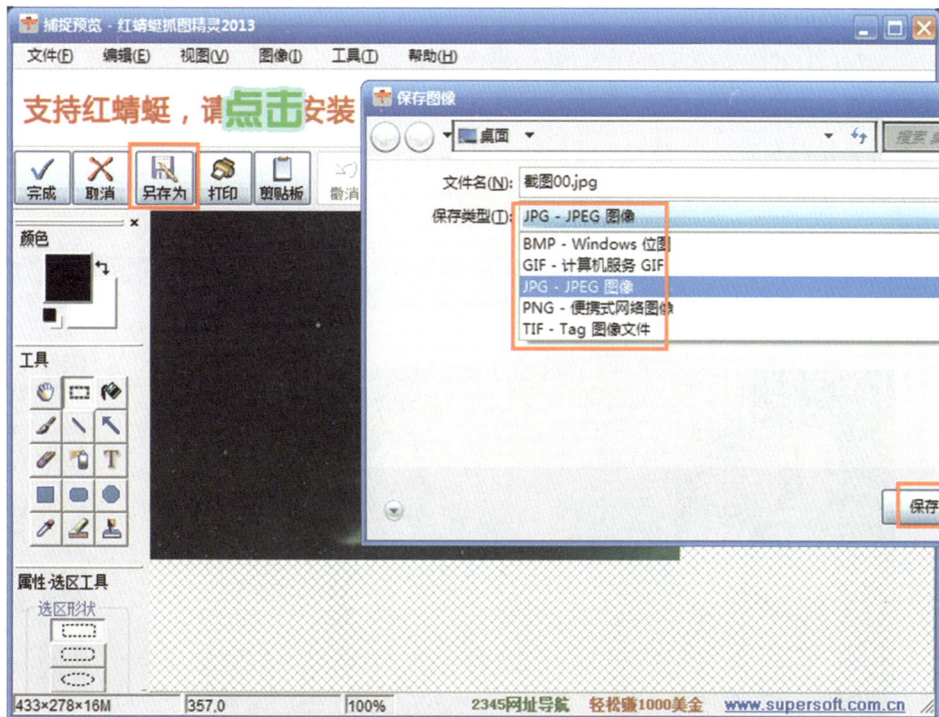

图 3-12 红蜻蜓抓图精灵保存界面

（2）美图秀秀。美图秀秀是由美图网研发推出的一款免费图片处理软件，相对于 PS 等专业级图片编辑软件，美图秀秀不仅操作简便，用户甚至无须专门学习就可以轻松上手，同时加入了独有的图片特效、美容、拼图、场景、边框、饰品等特效处理功能，而且每天更新精选素材，可以让用户轻松做出专业级图片，如图 3-13 所示。

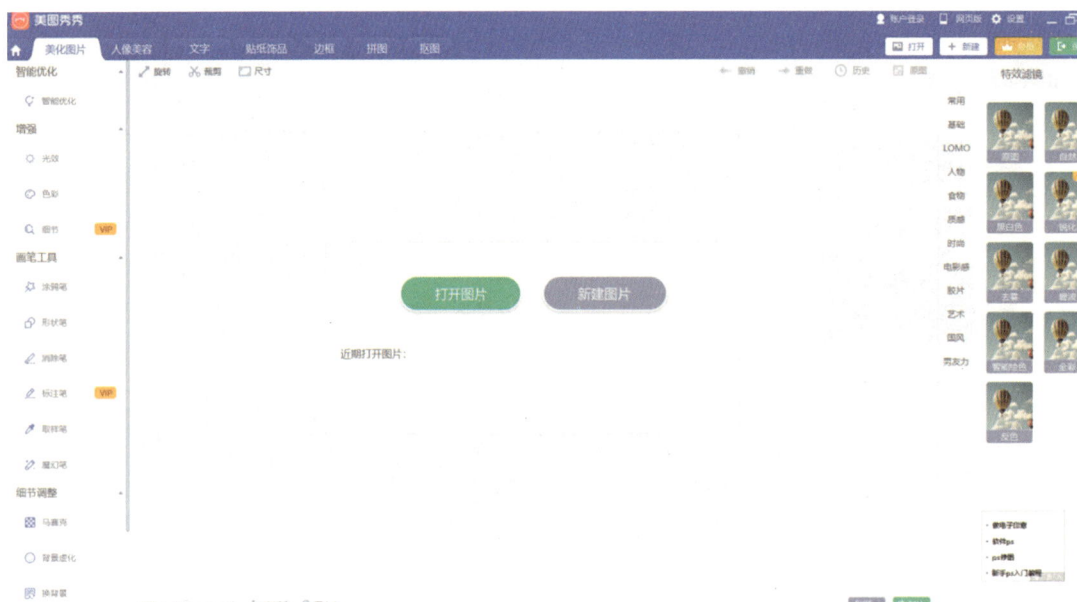

图 3-13　美图秀秀操作界面

1）涂鸦笔。大部分人仅是用涂鸦笔来涂鸦，但实际上它的操作应该是精细化处理图片上面的水印或瑕疵。

操作：打开需要处理的图片，单击操作界面左侧的涂鸦笔；在涂鸦笔操作界面单击取色后，鼠标按钮变成一个"吸管"样式，用"吸管"单击需要去掉的水印或瑕疵旁边颜色接近的地方，"吸管"就会显示出想要的颜色，对需要去掉的水印和瑕疵进行涂鸦，如图 3-14、图 3-15 所示。

图 3-14　涂鸦笔取色操作

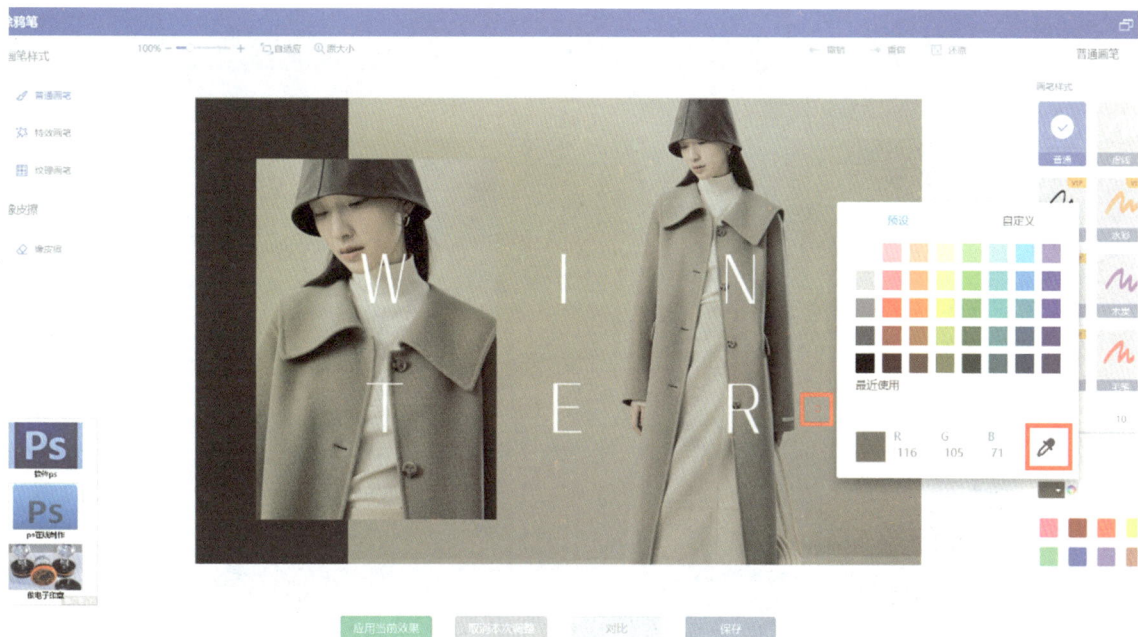

图 3-15　涂鸦笔使用操作

　　可以使用"纹理"及"透明度"功能对涂鸦笔进行调整，以达到蒙版的效果，可以使用空心或实心的形状，也可以在上面添加文字，如图 3-16 所示。

图 3-16　涂鸦笔纹理操作

　　2）消除笔。消除笔是在同一背景，将部分不需要的素材（水印）进行消除。

　　操作：打开一张需要进行消除部分内容的图片，如图 3-17 所示；单击操作界面左边的消除笔，这时鼠标变成一个圆圈（圆圈大小可以在画笔大小处进行调节）；此时圆圈就可以进行消除操作了，如图 3-18 所示。

图 3-17　图片有瑕疵（水印）

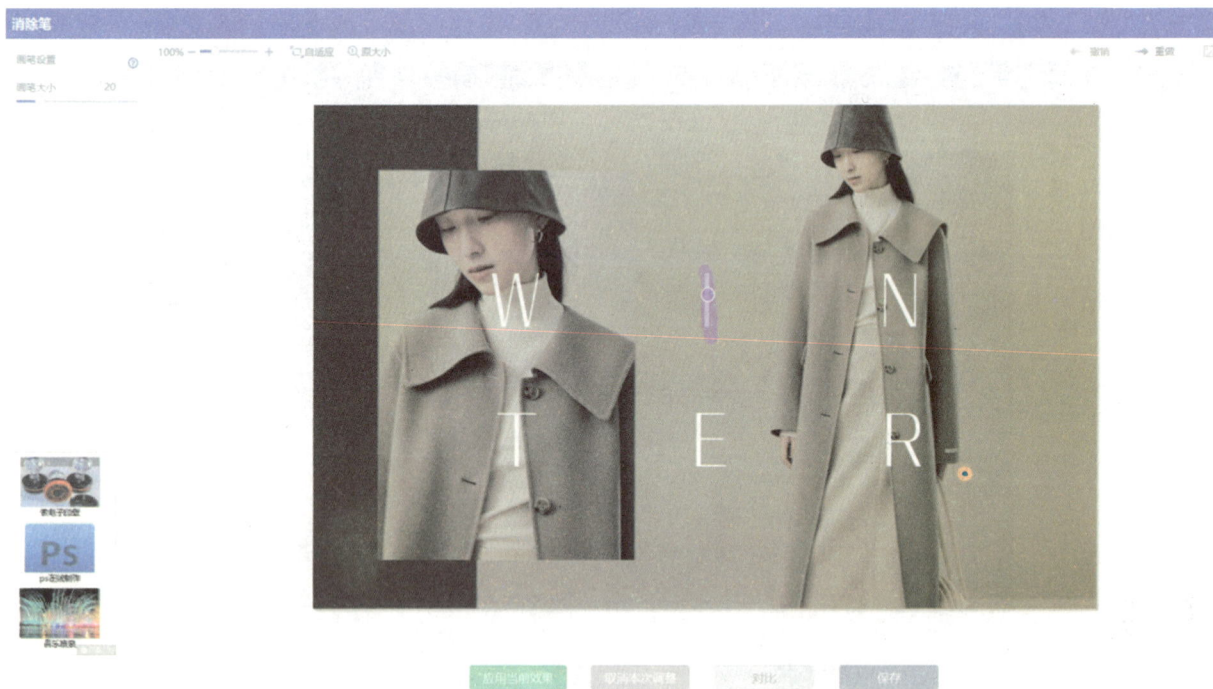

图 3-18　消除笔操作界面

　　3）抠图笔。抠图是店铺美工必须具备的一项基本技能，即对原图片的部分内容进行剥离或更换图片背景。

　　操作：打开一张图片，并单击操作界面左侧的抠图笔，如图 3-19 所示；单击抠图笔后会显示出三种抠图模式。三种抠图模式的功能不同，如图 3-20 所示。

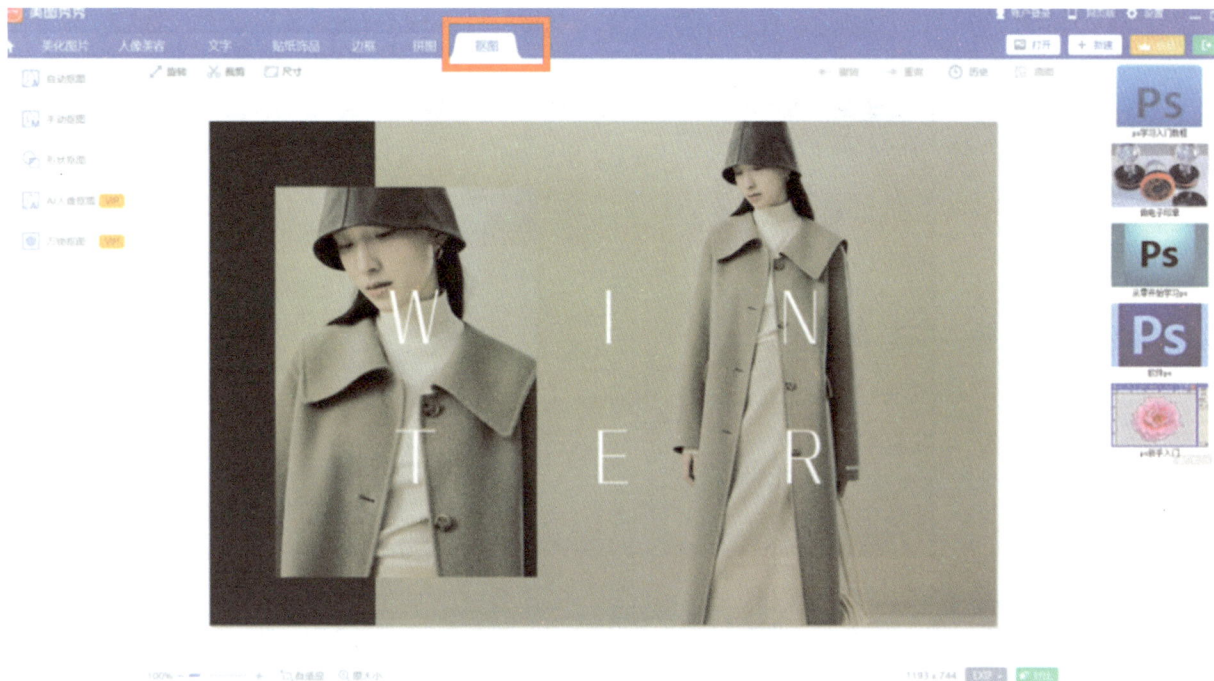

图 3-19　抠图笔进入界面

自动抠图适用于所需图片与
背景图色差比较大的情况。

手动抠图适用于所需图片与背景图颜色差
较小，需要精细化手动描边抠图的情况。

形状抠图适用于比较规范
的商品的图片，用圆形、
长方形等形状抠图相对简单。

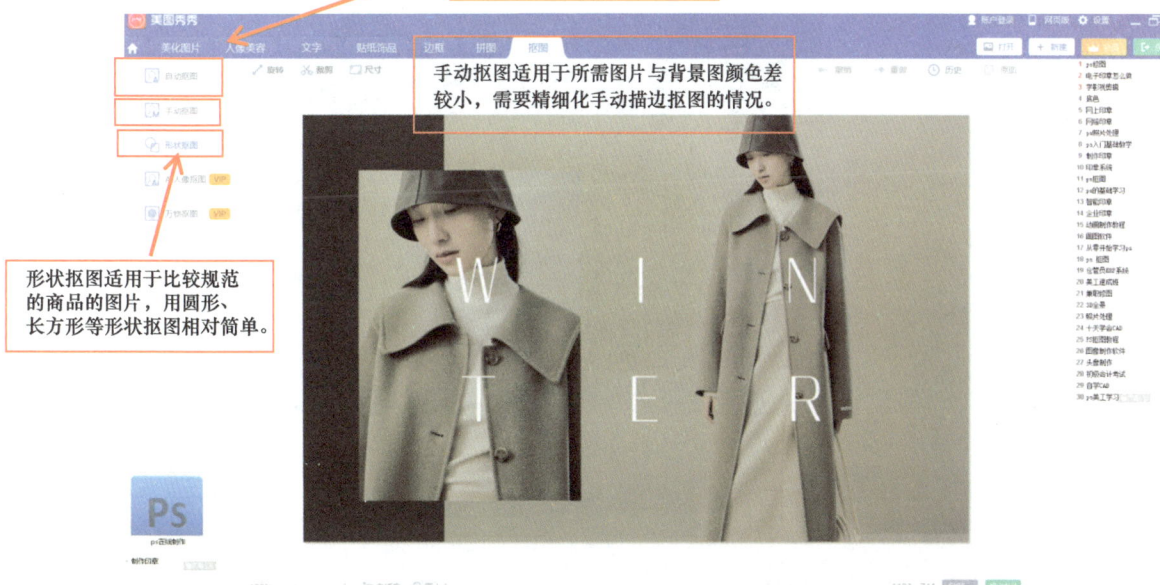

图 3-20　抠图笔的三种抠图模式

　　自动抠图：单击"自动抠图"按钮，鼠标会变成一支笔，用笔在需要的图片素材上面画一笔（抠图笔一定要在图片主体轮廓内划动，不要划到图片背景上），所需图片与背景就被一条虚线所隔离，如图 3-21 所示；单击完成抠图，就会出现无背景的素材图片，如图 3-22 所示。

图 3-21　自动抠图操作

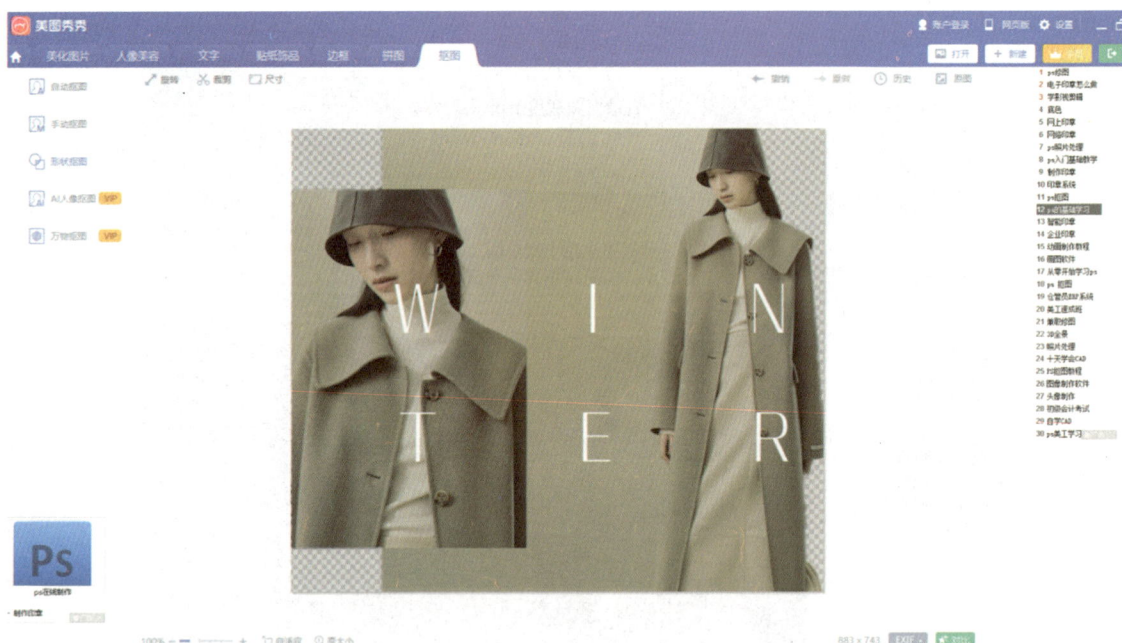

图 3-22　自动抠图成果界面

　　针对无背景图片操作有三种模式。第一种模式是更换背景，单击右上角的"背景设置"按钮，可以在"颜色"下拉列表中选择自己喜欢的背景，如图 3-23 所示；如果只想把该图片另存为无背景素材，则单击下方的"前景为素材"按钮，该素材会自动保存在"饰品－自定义用户"下（切记勿进行直接保存，否则该图片底色会自动变成白色），该素材可以随时调用出来，这是第二种模式。如图 3-24 所示；如果想把抠好的图片保存到计算机上，则可以选择"保存为透明背景"命令，一张没有背景的图片就保存到了计算机上，可以随时调取，这是第三种模式。

图 3-23　更换图片背景色

图 3-24　添加前景图做饰品界面

　　手动抠图：打开一张图片，单击抠图笔，选择"手动抠图"选项，如图 3-25 所示；用抠图笔沿着抠图对象的外部轮廓大致勾勒，直到形成完全闭合的抠图区域，如图 3-26 所示；放大图片，然后按住鼠标左键，拖动轮廓线上的圆圈（修改点），使轮廓线与图片主题（抠图对象）外部轮廓线尽可能一致（特别是轮廓线的拐点处一定要吻合），如图 3-27 所示。

　　对于图像中模特手臂和身体的封闭区域，手动抠图可能无法一次性完成消除工作，因此，这部分可以用自动抠图笔进行二次抠图处理，将还未消除的部分再次用抠图笔将此区域描绘出来，单击"反选"按钮，即出现反向区域的显示，如图 3-28 所示；单击完成抠图后就可以单击右上角的"背景设置"按钮将该图片进行背景更换，或单击"前景为素材"按钮，将此素材自动保存在"饰品 – 自定义用户"下（切记勿进行直接保存，否则该图片底色会自动变成白色），该素材可以随时调用出来，如图 3-29 所示。

图 3-25　进入手动抠图界面

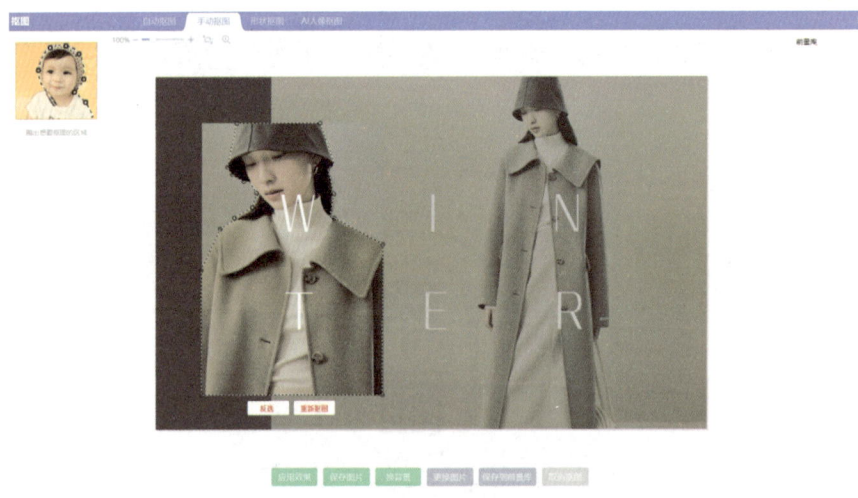

图 3-26　手动抠图操作界面

图 3-27　抠图细节调节操作界面

图 3-28　反选操作界面

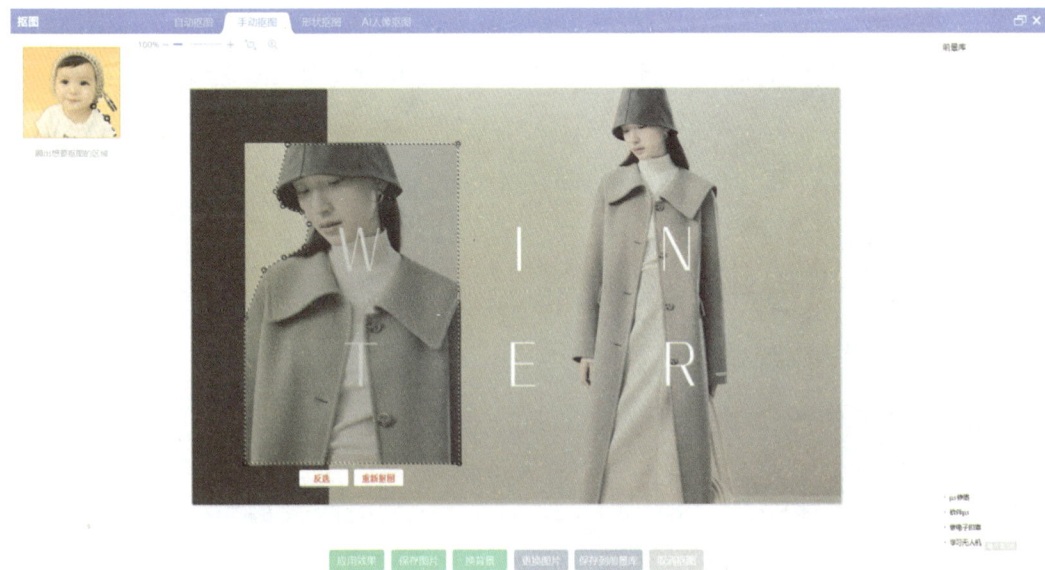

图 3-29　反选操作完成界面

　　4）局部彩色笔。局部彩色笔主要用于将一张图片变成部分彩色、部分黑白色，以凸显图片需要表现出来的重点内容。

　　操作：用美图秀秀打开一张图片，单击操作界面左边的"局部彩色"按钮，如图 3-30 所示，图片会变成黑白样式，鼠标变成一个圆圈，晃动圆圈，就可以使相对应的区域生成彩色效果，如图 3-31 所示；操作完成后单击"应用"按钮就可以看到想要的效果图。

图 3-30　局部彩色笔操作界面

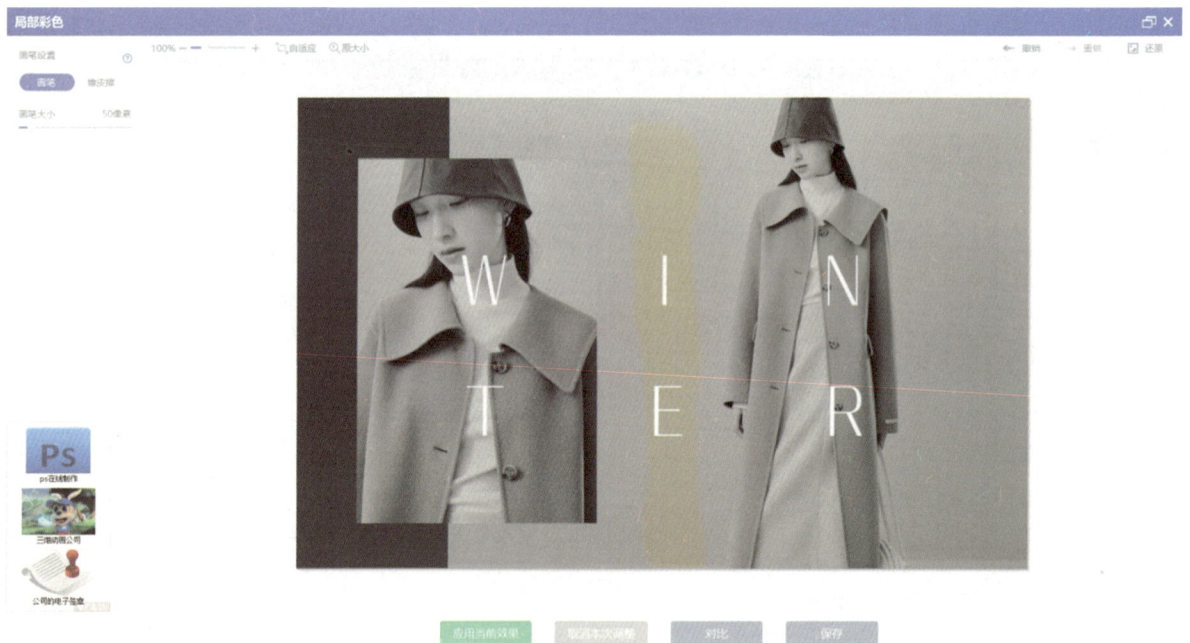

图 3-31　局部彩色笔操作完成界面

5）添加文字。美图秀秀的文字功能主要是在原始图片上面进行各种文字添加，以达到理想效果。

操作：用美图秀秀打开一张图片，并单击"文字"选项卡，左侧操作栏出现"输入文字""漫画文字""动画闪字"三种模式。单击"输入文字"模式会出现该模式的操作界面，在文字编辑框中输入需要的文字，并且可以将文字的颜色、大小、位置、透明度等任意变化，以达到个性化需求，如图 3-32 ～图 3-34 所示。

图 3-32 进入文字操作界面

图 3-33 输入静态文字

图 3-34 输入动态文字界面

（3）PS。PS 是由 Adobe Systems 公司开发和发行的图像处理软件。PS 主要处理由像素所构成的数字图像。使用其众多的编修与绘图工具，可以有效地进行图片编辑工作。PS 有很多功能，在图像、图形、文字、视频、出版等各方面都有涉及，如图 3-35 所示。

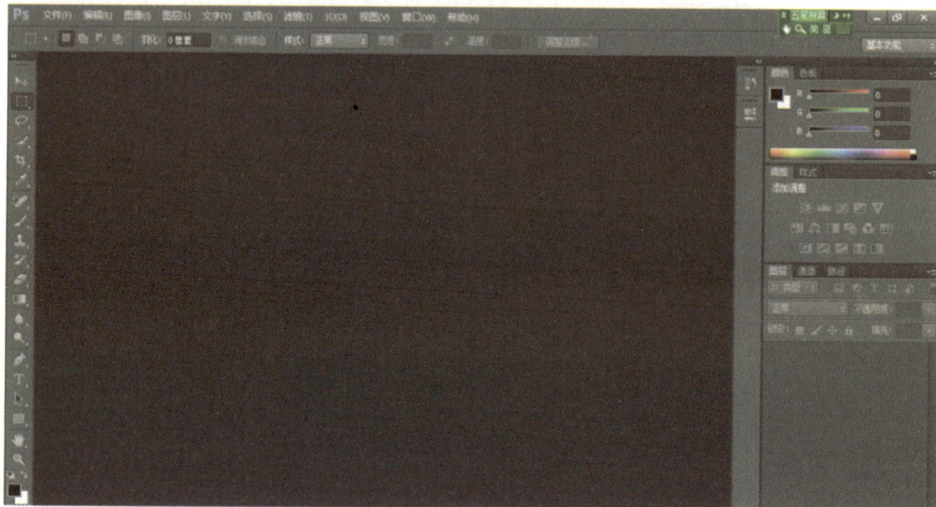

图 3-35　PS 操作界面

从功能上看，PS 可分为图像编辑、图像合成、校色调色及功能色效制作部分等功能。图像编辑是图像处理的基础，可以对图像做各种变换，如放大、缩小、旋转、倾斜、镜像、透视等；也可以进行复制、去除斑点、修补、修饰图像的残损等。

1）去除水印与文字。用 PS6.0 以上版本，打开一张需要去除水印或文字的图片，选择"魔棒工具"，选取需去除的文字，如果文字颜色比较丰富，"魔棒工具"无法有效选择时，可利用"磁性套索"等其他工具进行选择，如图 3-36 所示。

图 3-36　选择需要去除的文字

选择"选择"→"修改"→"扩展"命令，输入扩展的像素，一般为 2 个像素左右，单击"确定"按钮，如图 3-37 所示。

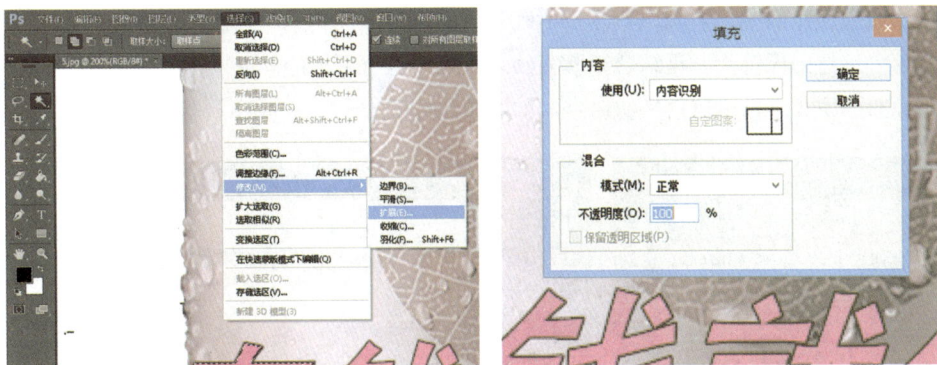

图 3-37　选择扩展界面

选择"编辑"→"填充"→"内容识别"命令，单击"确定"按钮，选中的内容就被取代了，如图 3-38、图 3-39 所示。

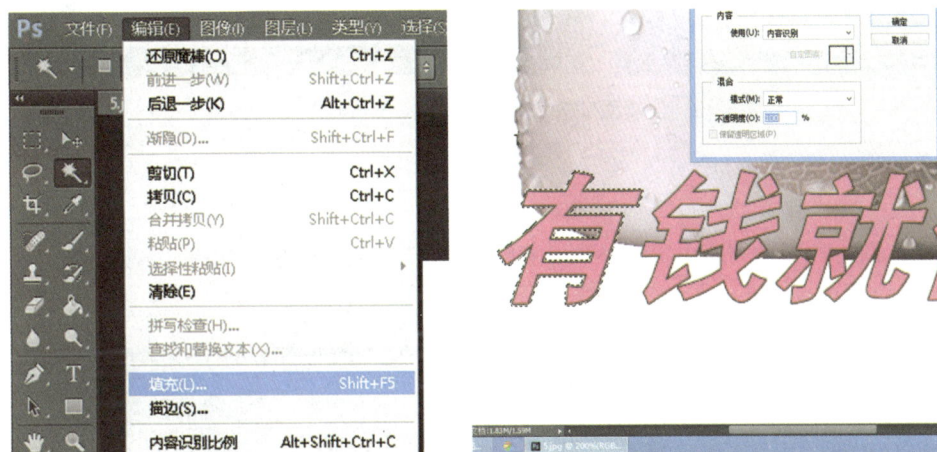

图 3-38　文字选中填充界面

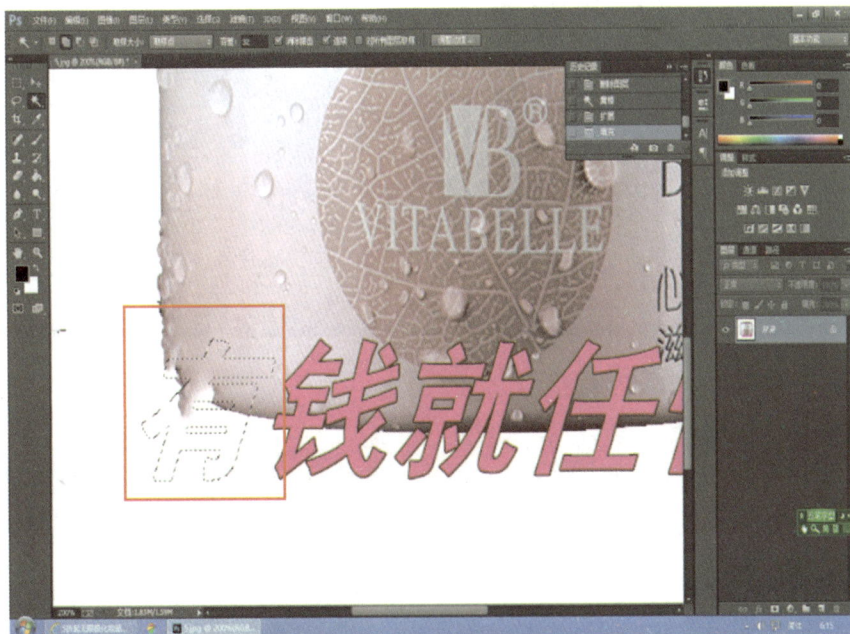

图 3-39　文字去除界面

如果使用的 PS 版本比较低，可使用"仿制图章工具"，选取合适的位置，对文字部分进行图像替代。再结合"修复画笔工具"进行细部的修复，使替代的图像部分与原有的图像进行比较自然的结合，如图 3-40 所示。

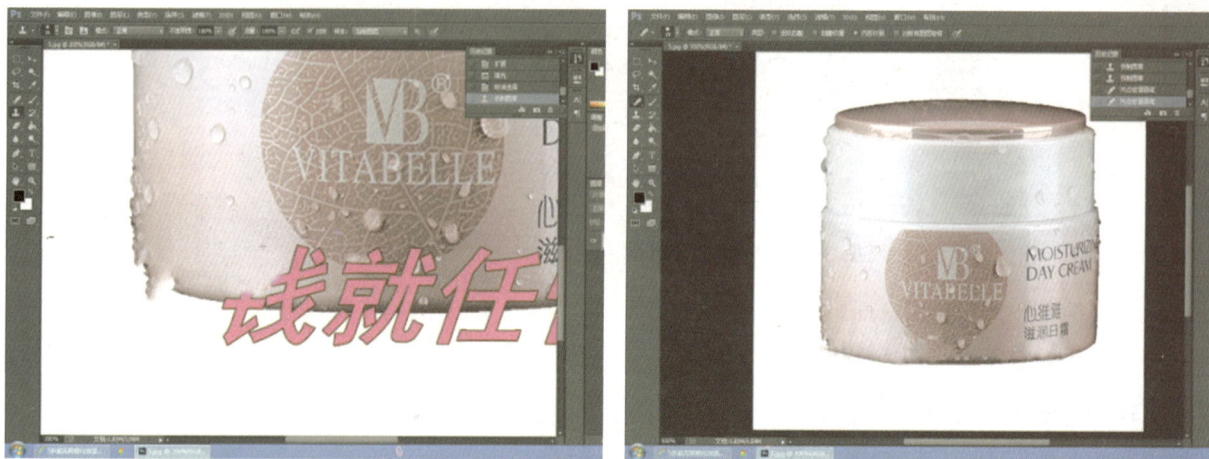

图 3-40　仿制图章去水印界面

2）图片换背景。先用 PS 打开一张背景图与需要换背景的商品图片，如图 3-41 所示，使用 PS 的"魔棒工具"单击图片背景处，选择背景后，选择"选择"→"反向选择"命令，选取图片。

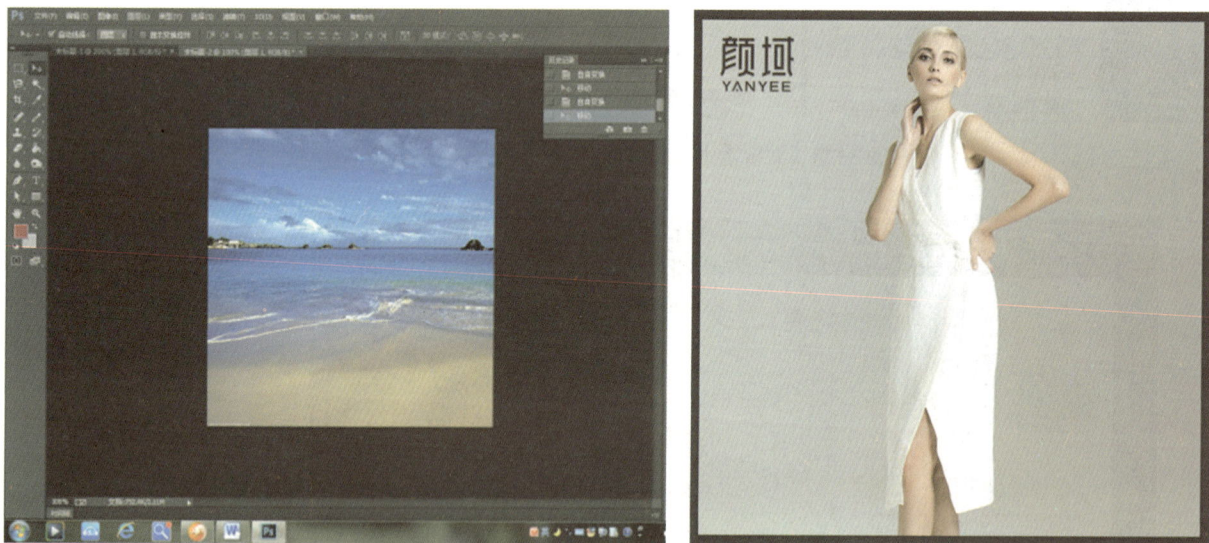

图 3-41　图片换背景示例

选择"蒙版模式编辑"命令，利用"橡皮擦"和"铅笔"工具，对选择的部分进行调整，将需保留的部分用铅笔涂红，将不需要的地方用橡皮擦除，如图 3-42 所示。

再次选择"蒙版模式编辑"命令转回选区状态。选择"选择"→"修改"→"收缩"命令，设置扩展 2 个像素点，并进行适当"羽化"，如图 3-43 所示。

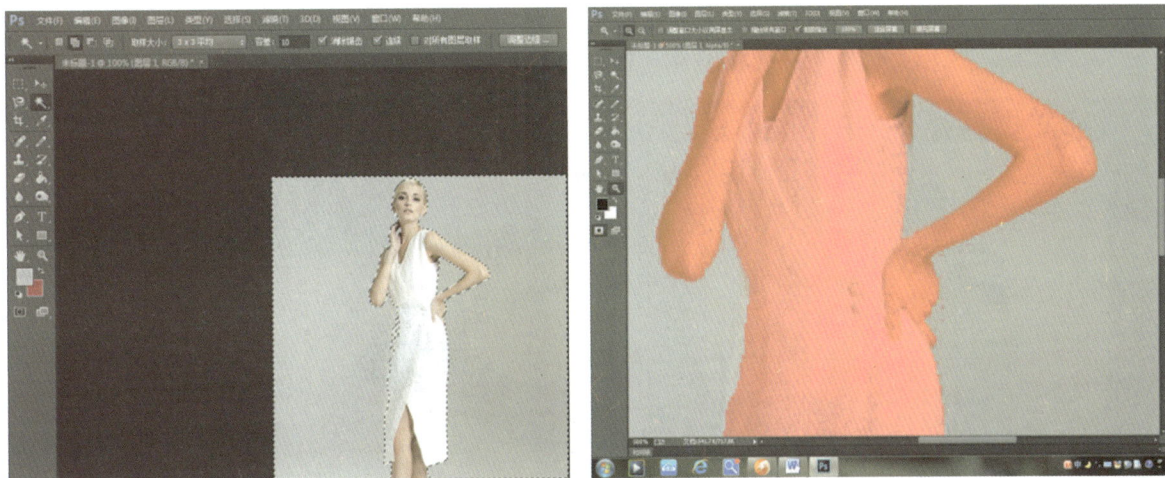

图 3-42　蒙版模式编辑界面

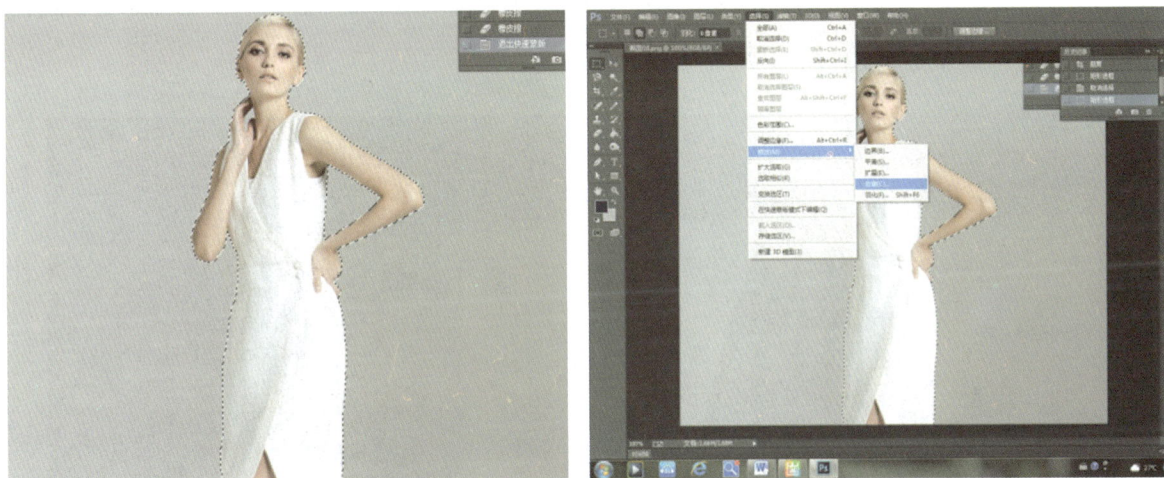

图 3-43　设置像素与羽化操作界面

复制选择的图片，粘贴到背景图上，调整大小与位置即可，如图 3-44 所示。

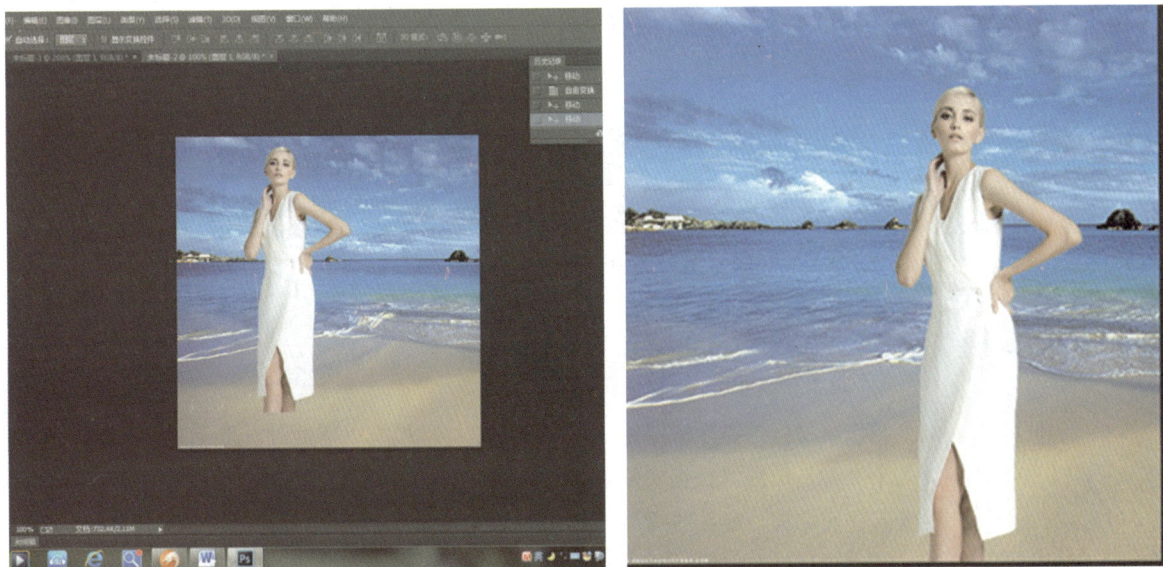

图 3-44　操作完成界面

如果要抠的商品背景比较复杂，可用"磁性套索"工具进行选取，再利用"蒙版模式编辑"命令进行修整。其他与前面相同，如图3-45、图3-46所示。

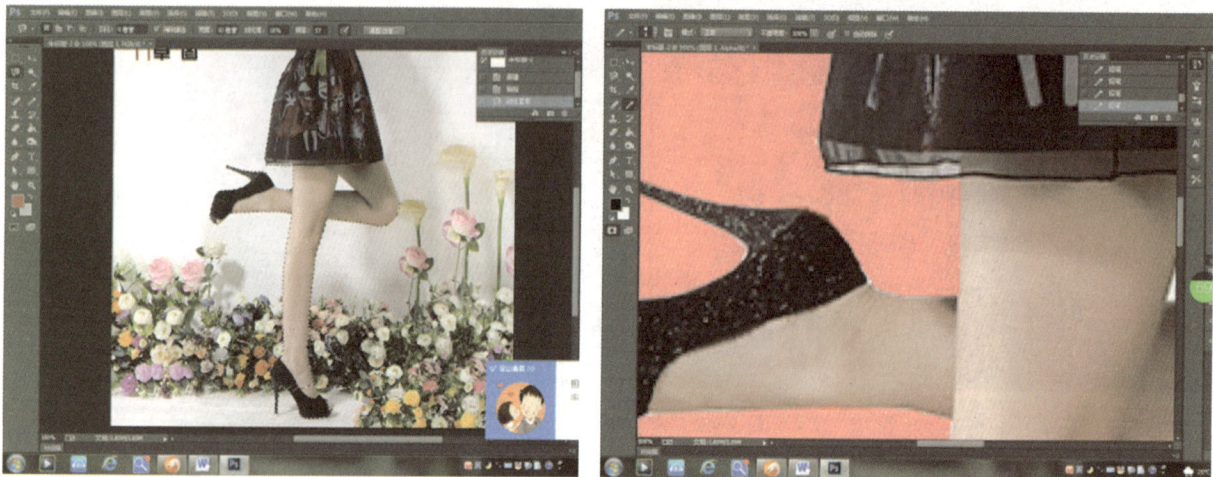

图3-45　复杂背景编辑界面

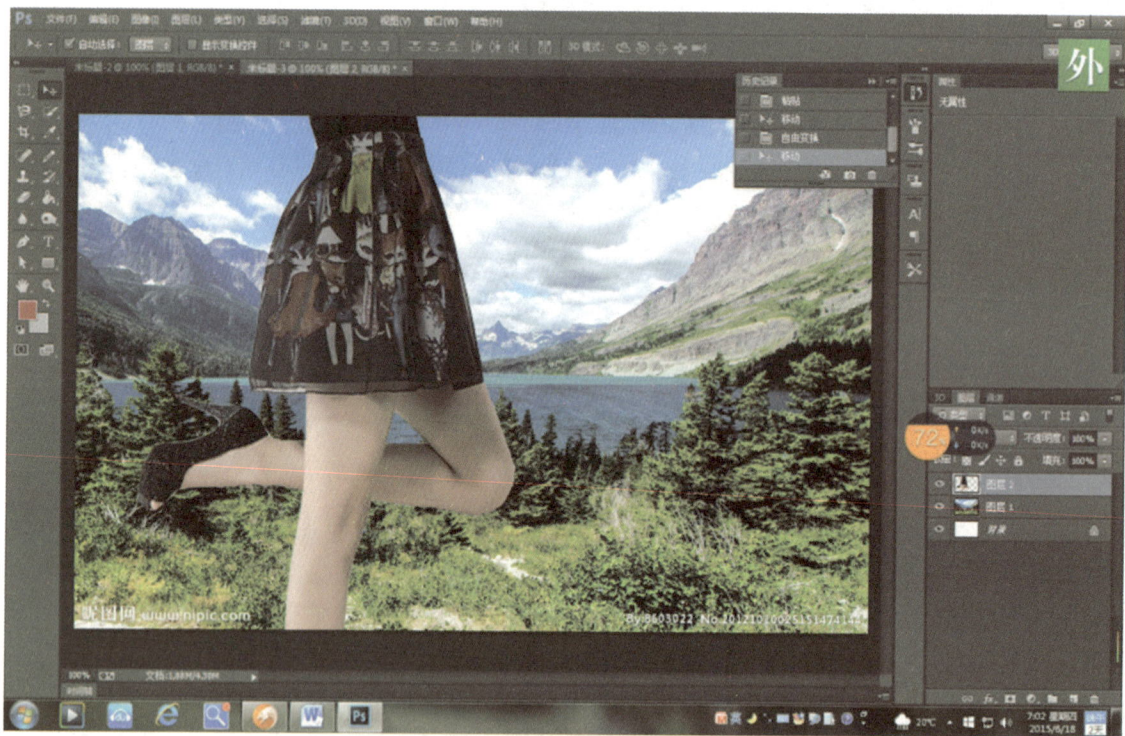

图3-46　完成背景更换界面

4．网店素材来源

制作素材首先要准备原始素材，原始素材一般有以下两种获取途径。

第一种是拍摄。根据实际需要对所需的商品素材进行拍摄，拍摄完成后选择合适的照片进行修饰，如图3-47所示。

第二种是借鉴。可以到各大电商平台或国内比较大的素材提供平台上找寻符合自己需求的素材，如图3-48所示，然后进行加工，注意图片版权，切勿直接盗取。

图 3-47　素材拍摄现场

图 3-48　装修素材来源

店标、店招、轮播等素材采用不同软件进行制作，将在本章节实训操作部分介绍。

第二部分　实训操作

【实训主题】

完成素材制作及店铺装修。

【实训目标】

通过本次实训，帮助学生掌握常见作图工具的使用方法，学会店铺素材制作的方法，顺利完成店铺的装修任务。

【实训场景】

为模拟商场中所开设的"华丽女装"店铺进行店铺装修。

【实训内容】

制作素材，包括店标、店招、轮播（至少2张）、页头，上传制作好的素材，并完成店铺装修任务，包括店铺模板选择、样式管理、分类管理、导航设置等。

【实训操作】

店铺开设成功后需要对店铺进行装修，而装修前有一项重要工作就是素材制作，一般常见的店铺装修素材通常包含4种，分别为店标、店招、轮播、页头。

1. 制作店标

（1）认识店标。店标可以看成网店的标志。个性化、视觉冲击强的店标会让人印象深刻，同时，可以从店标中反映出网店所售商品的类型和定位。

以淘宝网网店的店标为例，其要求文件格式为 GIF、JPG、JPEG、PNG，文件大小在 80 KB 以内，建议尺寸为 80 px×80 px，如图 3-49 所示。

图 3-49　店铺店标界面

（2）制作店标。打开 PS，新建一个空白底板，大小为 80 px×80 px，并选择一个自定义颜色，如图 3-50 所示；使用文字工具，输入店铺名字，调整文字字体、大小及透明度，设置成功后单击"保存"按钮即可，如图 3-51 所示。

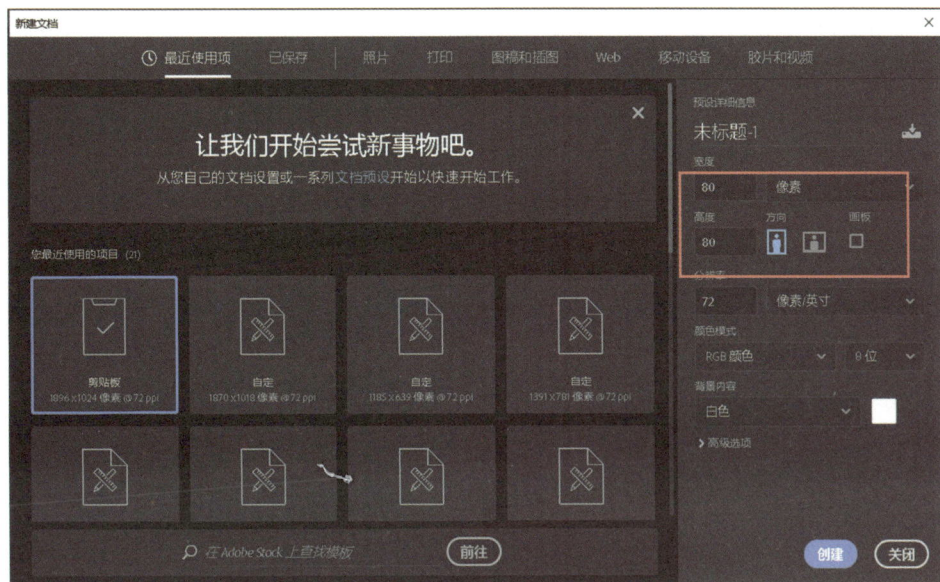

图 3-50　新建素材（店标）所需尺寸底板

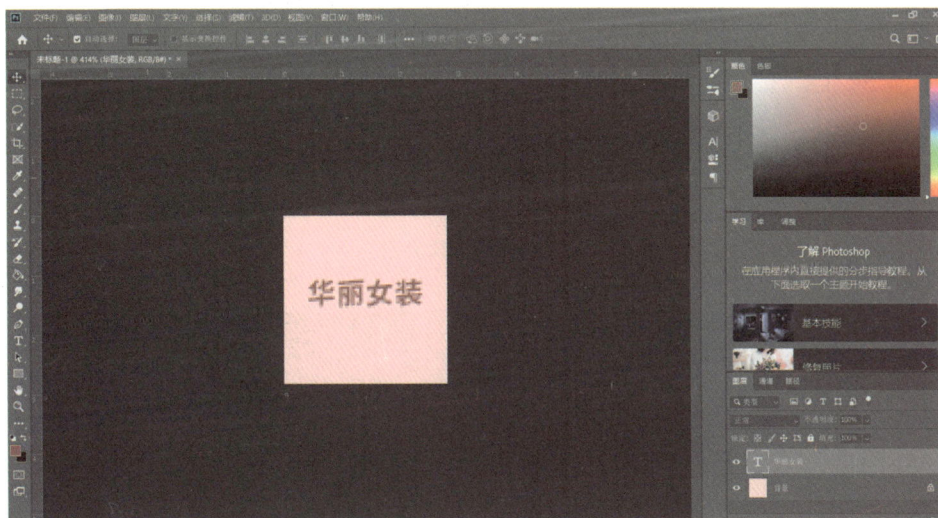

图 3-51　输入所需文字

小贴士

　　店招、轮播等素材均可使用 PS 新建底板，插入图片或文字等内容进行操作，完成店招和轮播的制作。

2．制作店招

（1）认识店招。店招类似传统实体店的门头，所以，客户通过店招的背景色和文字内容，能够直观地了解店铺所售商品的类型。因此，网店的店招起到说明店铺信息、展示店铺形象的功能。风格上要求尽量简约，切勿堆砌过多产品和文字信息，以免让人感到烦琐和不美观。

以淘宝网网店为例，店招要求其文件格式为 JPG、GIF，建议尺寸为 950 px×120 px，如图 3-52 中的红色区所示。

图 3-52　店铺店招界面

（2）店招制作。打开 PS，新建一个 950 px×120 px 的空白文件，并选择一个合适的背景图，其要求背景简单，像素宽度在 950 以上，如图 3-53、图 3-54 所示。

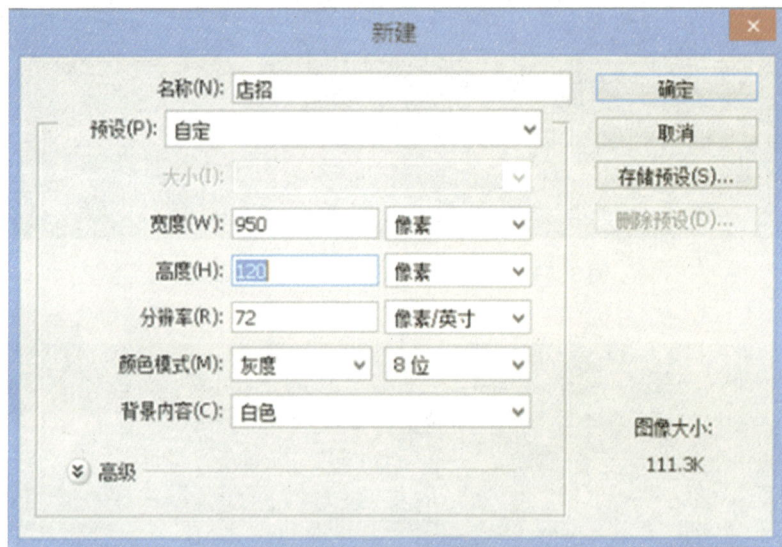

图 3-53　操作界面

图 3-54　新建底板并选择图片

将背景图粘贴进新建文档，调整背景图的大小与位置至合适，用文字工具完成店招的文字部分，并对其进行美化，如图 3-55 所示；合并图层，保存为 JPG 格式，或进一步制作成 GIF 格式即可完成制作，如图 3-56 所示。

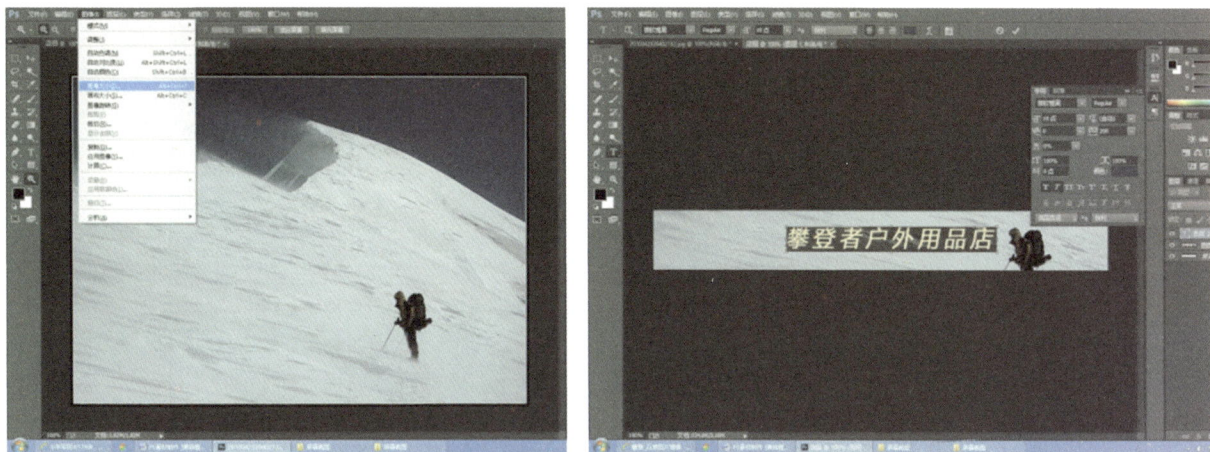

图 3-55 选取合适背景图并添加文字

图 3-56 合并图层制作完成界面

3. 制作轮播

（1）认识轮播。轮播通常展示店铺的主推商品或热销商品，让客户能够在进入店铺后的第一时间关注到，所以，最好能将轮播打造出一种类似海报的视觉冲击力。

以淘宝网网店为例，轮播最多可上传 5 张照片，文件格式是 JPG，标准尺寸为 950 px×250 px（备注：考虑到视觉效果，建议高度为 400 px），如图 3-57 所示。

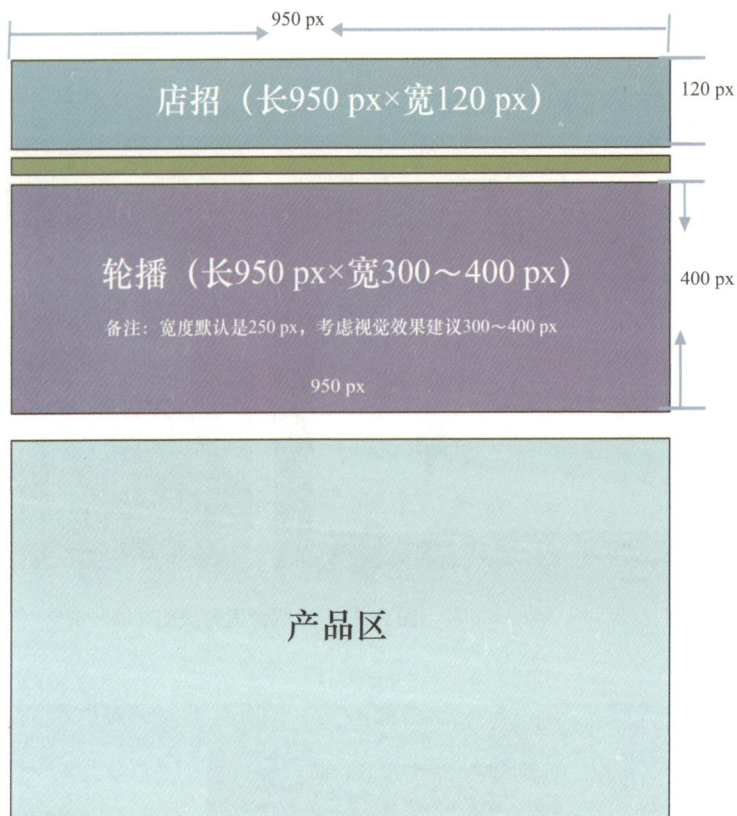

图 3-57　整体布局界面效果

（2）轮播制作。将符合需求的图片用 PS 进行抠图处理，使用抠图工具处理完成后将素材复制粘贴到需要的页面上，如图 3-58 所示。

图 3-58　抠图完成

新建文档，将高度和宽度改为轮播图的大小并选取相对应的底色，单击"应用"按钮完成新建，如图 3-59 所示。

图 3-59　新建轮播需要的尺寸

在新建的底板中，单击鼠标右键插入已有的素材图片，调整大小后在导航栏中选择"饰品"→"自定义饰品"选项，添加已经抠图完成的图片素材，即可完成制作，如图 3-60 所示。也可继续添加其他相关元素或文字。

图 3-60　轮播制作完成界面

小贴士

除使用工具外，还可使用在线生成网站快速获取想要的装修素材，如"稿定设计""创客贴""刚哥哥"等，但需要注意"鱼"与"渔"的区别。

4．模拟商城装修

登录 https://www.ningbochuangye.com/ 开始网络创业实训，登录自己的账号，输入自己的账号和密码，进入模拟商城（本部分以"华丽女装"店铺为例）。

第一步：模板选择。进入模拟商城卖家中心后选择"店铺管理"→"店铺装修"选项，进入"模板管理"界面，有三款模板供选择，单击"预览"按钮可以看到相应

宁波创业云平台

模板的效果，单击"使用"按钮则可以使用相应模板，如图3-61所示。

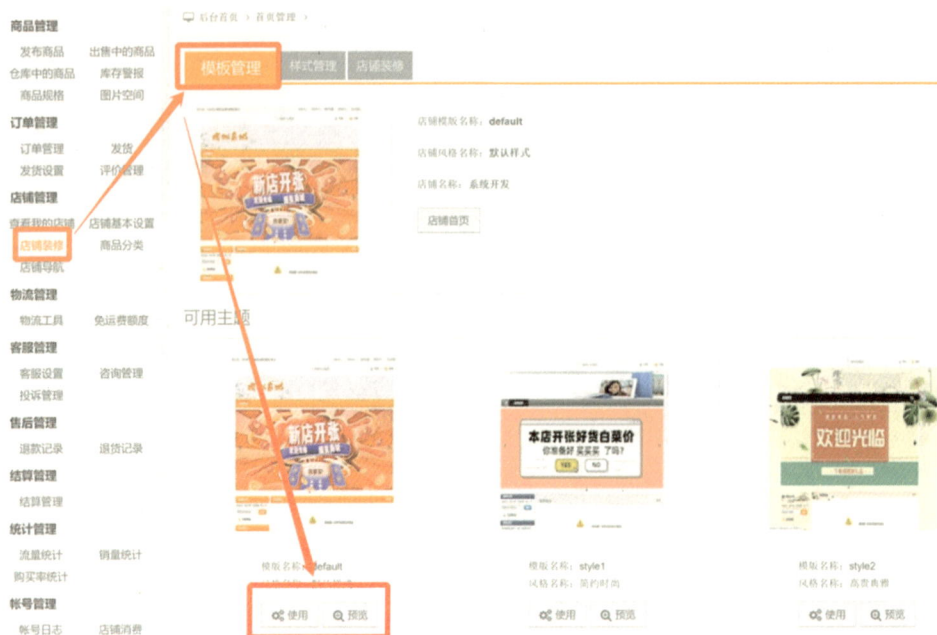

图 3-61　进入"模板管理"界面

第二步：素材上传。

（1）店标上传。在模拟商城店铺卖家中心选择"店铺基本设置"选项，单击该界面店标设置下的"图片上传"按钮，即可上传已做好的店标，同时，在该界面也可以进行店铺分类、店铺介绍等的修改，如图3-62所示。

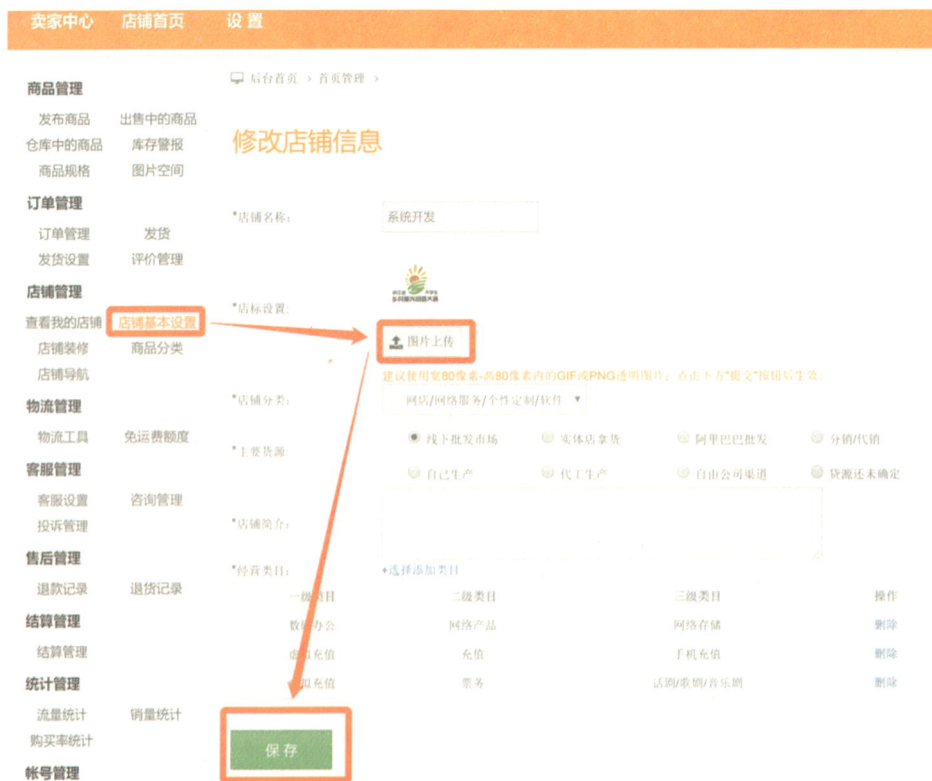

图 3-62　店标上传操作界面

（2）店招上传。在模拟商城店铺卖家中心界面选择"店铺装修"选项，在新界面再次单击"店铺装修"按钮，即可进入店铺素材上传界面，如图3-63所示。

进入店铺素材上传界面后将鼠标放置于店标处，界面呈灰色，单击右上角的"编辑"按钮进入图片上传界面，可以直接选择已有的图片，也可以进入图片空间重新上传，如图3-64所示。

图3-63 店铺素材上传界面

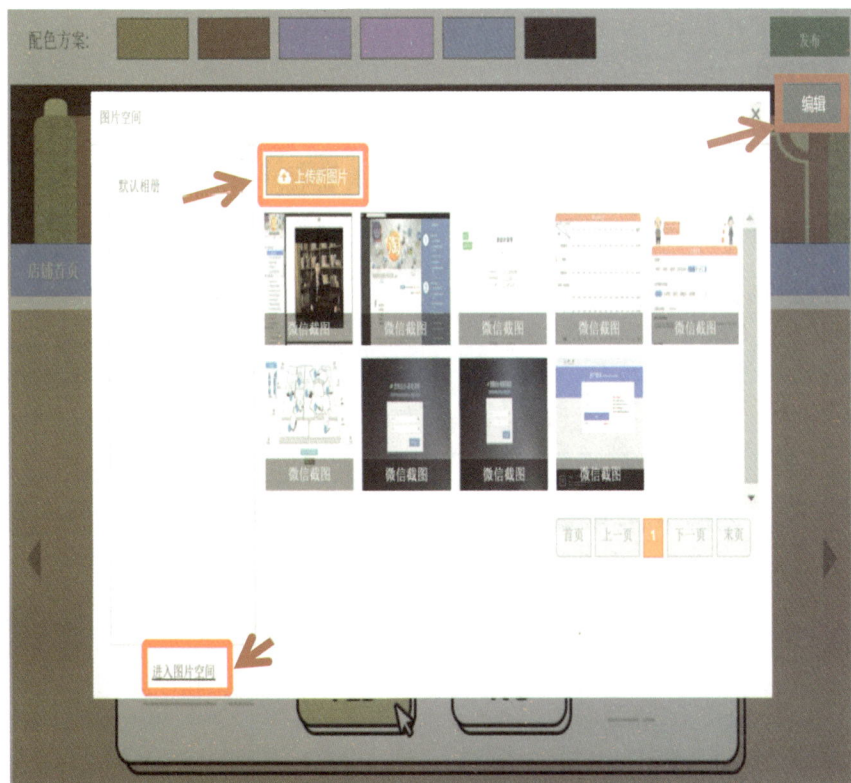

图3-64 图片上传界面

（3）轮播上传。在模拟商城店铺装修界面，将鼠标放置在轮播处后界面呈灰色时单击轮播右上角的"编辑"按钮进入轮播上传界面，单击"上传图片"按钮，上传成功后在"模块高度"处进行高度修改。单击"确定"按钮后即可完成轮播上传，如图 3-65 所示。

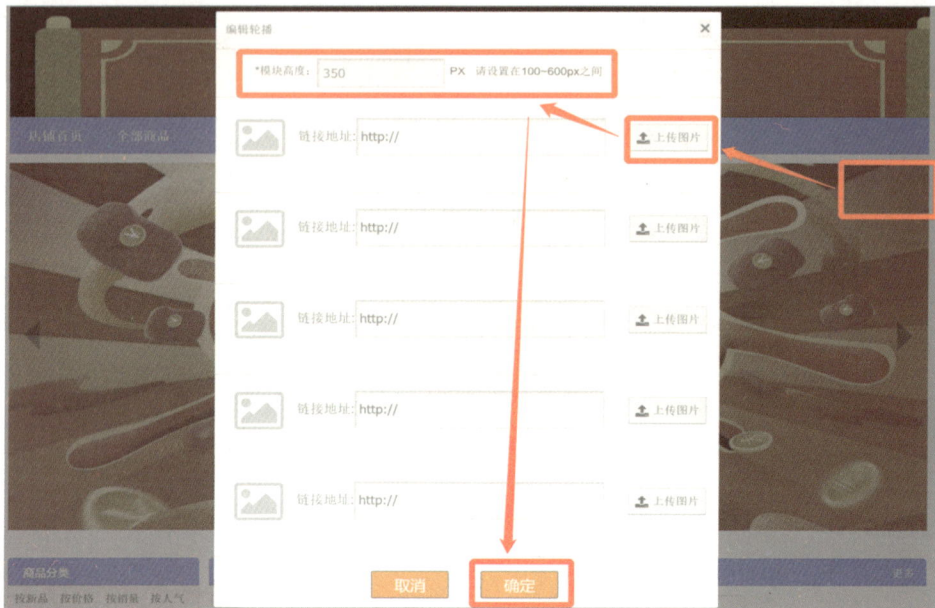

图 3-65　轮播上传界面

小 贴 士

上传的素材要结合店铺主题色，店铺主题色可以在店铺装修界面中的"配色方案"区域进行修改，如图 3-66 所示。

图 3-66　店铺主题色修改

第三步：样式管理。

（1）页头设置。页头是从店铺视觉美观的角度出发，在店铺店招两边填充颜色或图片，从而达到店招两侧满屏的效果。

以淘宝网网店为例，页头两边可以添加系统默认的颜色；也可以添加自己制作的图片，图片格式为 GIF、JPG、PNG，建议尺寸为 1 920 px×150 px（通栏）或

580 px×150 px（两侧），大小为 200 KB 以内，如图 3-67 所示。

图 3-67　店铺页头界面

在模拟商城店铺卖家中心选择"店铺装修"选项，在该界面单击"样式管理"选项卡，首先是页头设置，单击页头背景色后可根据实际选择颜色，并勾选显示背景色的选项，也可以上传已经做好的页头背景图片，如图 3-68 所示。

图 3-68　页头设置操作界面

（2）页面设置。在模拟商城店铺卖家中心选择"店铺装修"选项，在该界面单击"样式管理"选项卡，单击"页面背景图"按钮，可上传已经做好的页面背景图，如图 3-69 所示。也可以和页头设置一样，选择页面背景颜色进行配色。

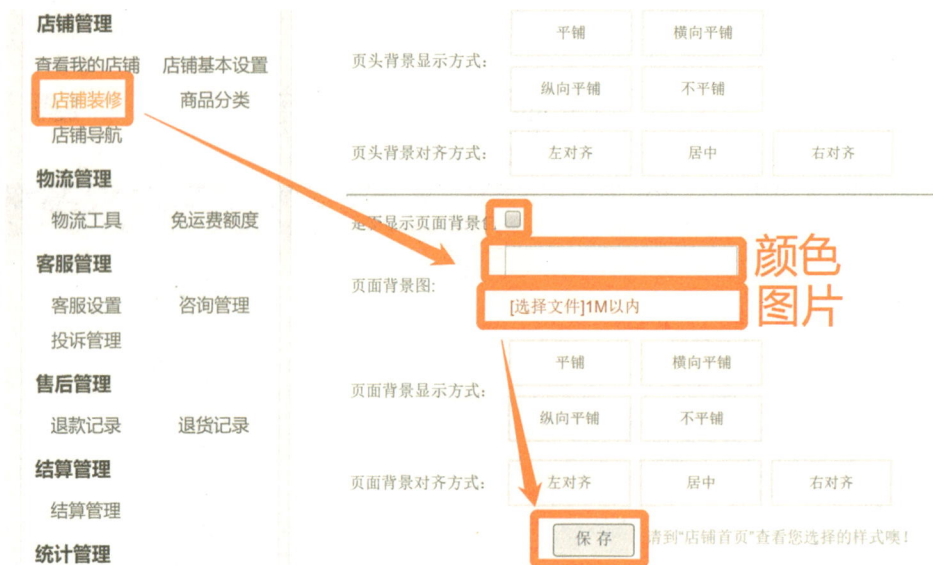

图 3-69　页面设置操作界面

（3）分类管理。在模拟商城店铺卖家中心选择"商品分类"选项进入商品分类编辑界面，单击"新增分类"按钮可以进行分类编辑，设置成功后单击"提交"按钮即可，如图 3-70 所示；分类成功后单击"新增下级"按钮进入二级分类设置界面，在"新增下级"界面中填写新的二级分类即可（模拟供销系统上传的商品默认已做好分类），如图 3-71 所示。

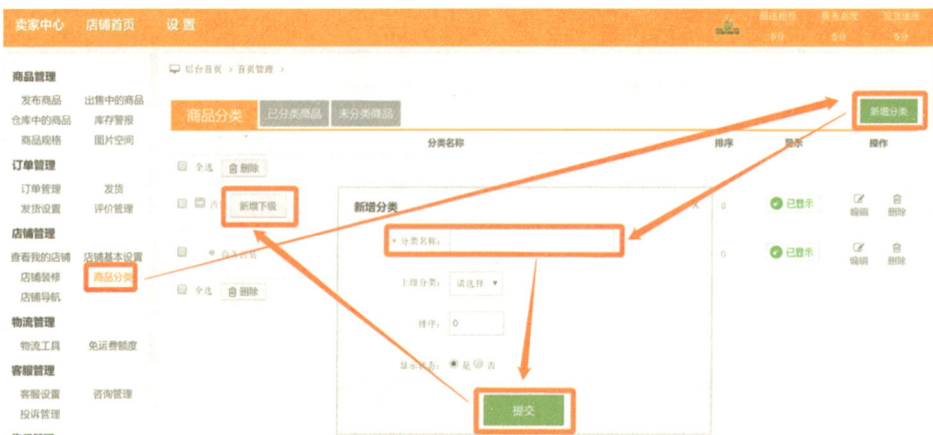

图 3-70　商品分类设置操作界面

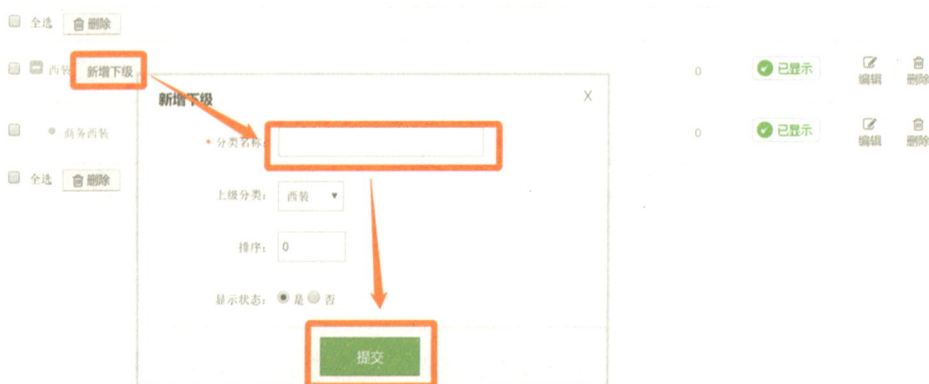

图 3-71　二级分类设置界面

（4）导航管理。进入卖家中心"店铺装修"界面，将鼠标放置在导航处，导航变成灰色后单击"编辑"按钮，如图 3-72 所示，在弹出的新界面中可以看到之前做好的分类，直接勾选分类，单击"确定"按钮即可，如图 3-73 所示。

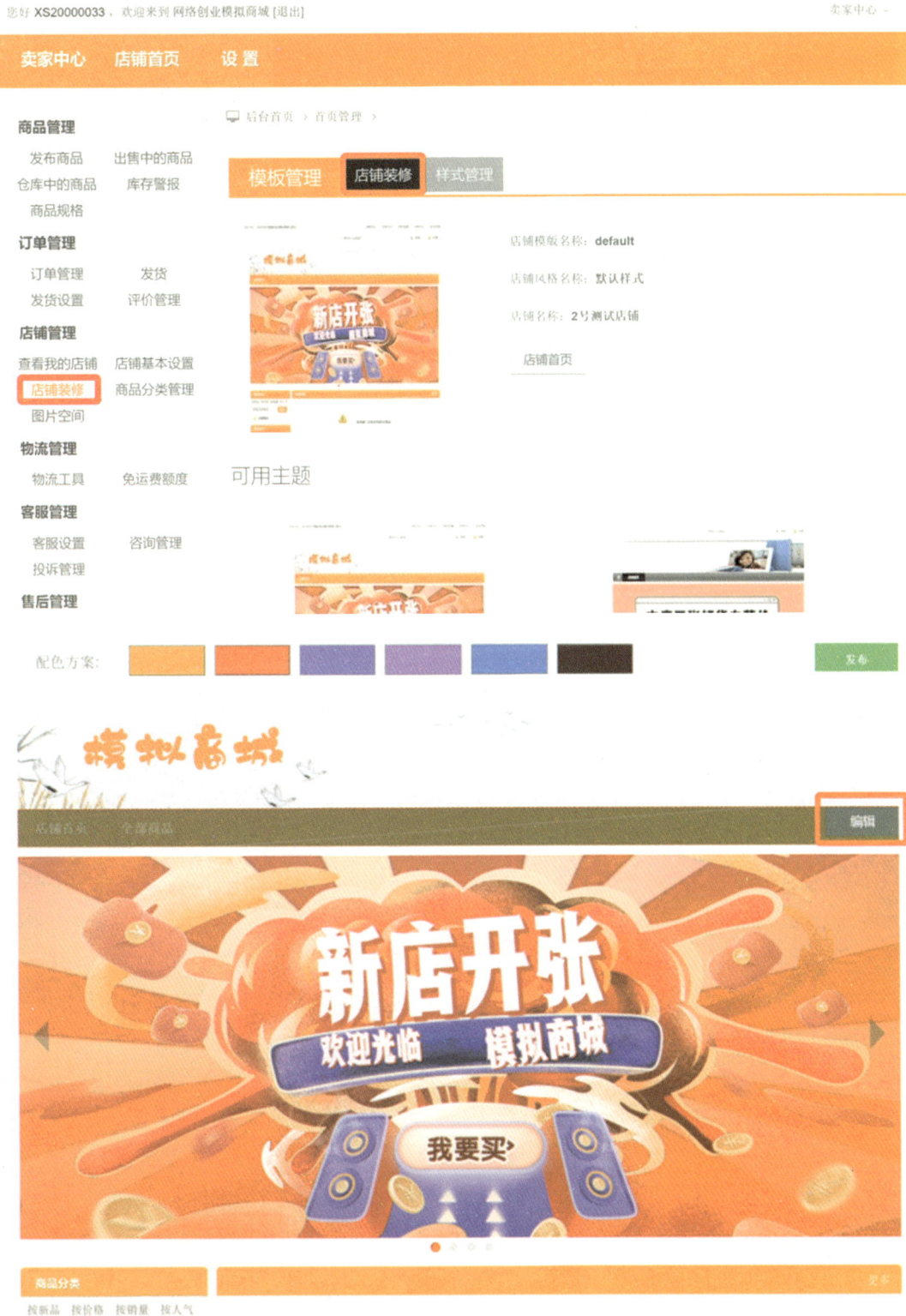

图 3-72　店铺导航设置操作界面

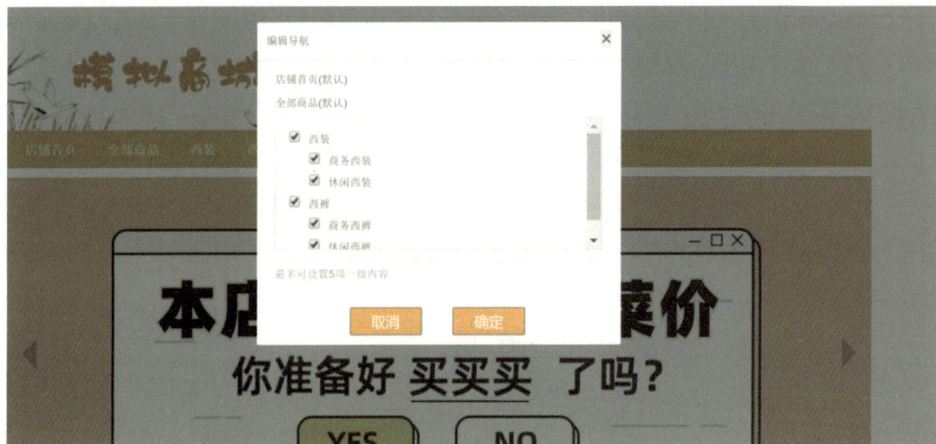

图 3-73　勾选已设置好的分类

【实训总结】

　　店铺装修是在网店允许的结构范围内，通过程序模板及图片等元素的应用对店铺的美观性进行优化。与实体店装修的目的相同，网店店铺装修的目的也是使店铺能够更吸引人，具有更为美观的特征。尤其是在现今网店数量不断增加的情况下，一个好的店铺设计是关键，这是因为当客户在电商平台进行搜索时，仅能够从图片及文字的角度对店铺进行了解，如果图片做得好，则能够增加客户的信任感，这对于店铺品牌的树立也具有积极的意义。美工将直接对店铺的层次产生影响，并影响店铺流量，如何通过美工技术的应用增加店铺流量，成为一项关键的工作内容。

店铺管理 第四章

第一部分　知识准备

一、客服管理

　　随着电子商务的飞速发展，客户对企业服务的要求越来越高，越来越注重购物体验。客服作为网店与客户之间沟通的桥梁，为客户提供服务，解决问题，成为影响客户体验的重要角色之一。网店客服是指在网店经营过程中，充分利用各种通信工具并以网络即时通信工具为主，为客户提供在线交流、疑问解答、售后服务等相关服务的人员，即为客户提供专业化购物服务的人。网店客服的工作内容涵盖客户购物的全过程，一般包括售前、售中、售后三个方面。

　　1．网店客服的重要性

　　（1）塑造店铺形象。对于网络店铺而言，客户既看不到商家本人，也看不到产品本身，看到的一张张商品的图片，无法了解实际情况，因此往往会产生距离感和怀疑感。此时，网络客服就显得尤为重要了。客户通过与网店客服交流，可以逐步了解商家的产品、服务和态度，客服的一个笑脸的表情符号或者一句亲切的问候，都能使客户真实地感觉到自己不是在与冷冰冰的计算机和网络打交道，而是与一个善解人意的人在沟通，这样会帮助客户放下最初的戒备，从而打消客户的疑虑，在客户心目中逐步树立起良好的店铺形象。

　　（2）提高成交率。现在很多客户都会在购买之前针对不太清楚的内容询问商家，或者询问优惠措施等。客服能够在线随时回复客户的疑问，可以使客户及时了解其需要的内容，从而立即达成交易。

　　（3）提高客户回头率。当客户在客服的良好服务下完成了一次良好的交易后，客户不仅了解了卖家的服务态度，也对卖家的商品、物流等有了切身的体会。当客户需要再次购买同样的商品时，就会倾向于选择其所熟悉和了解的卖家，这便提高了客户再次购买的概率。

　　（4）提高客单价。电商客服承担着传统企业"销售"的角色，在与客户沟通的过程中，通过挖掘客户深层次的需求，适时推荐相关联的商品给客户，不仅可以使客户感觉服务周到而且能够提高客单价。

　　2．客服售前准备

　　售前准备是指客服人员在开展客服工作之前创业者对其进行的岗前培训，以让客服人员做好充足的准备，简单来说包含以下四个方面。

　　（1）心态准备。良好心态培养是每个精英客服养成的必经之路。客服是一个相对枯燥的岗位，而且客服工作不仅包含服务职能，还包含销售职能，这些要素决定了客服人员需要一个良好的心态。消极的心态会把客服工作变成一种负担，使客服人员认为这个工作很烦琐、很单调，甚至很讨厌。好的心态会使客服人员不断总结服务经验，提升客户服务质量，从而达到提升店铺整体形象与销售额的目的。所以，创业者对客服的岗前心态培训是非常重要的。

（2）沟通能力准备。对于网络客服来说，每一次沟通的目的都是解决客户疑虑以达成交易或解决客户售后疑问。电商客服人员在沟通能力培训过程中需要明确以下几个问题。

1）电商客服沟通使用的即时沟通工具一旦发出消息，几乎无法撤回，每一条消息都会产生记录，所以每发一条信息前都要充分考虑，特别对模棱两可和有违平台规则的信息更要慎重考虑。每一次的沟通在明确目的的同时需要将语言精简化、直白化，切忌表述过于专业，给非专业客户在理解上带来困难，最终提前结束交流。

2）电商客服人员和客户不能面对面交流，无法通过客户的语气和表情来判断客户的心理，因此，电商客服人员需要了解信息沟通模型，如图4-1所示，在沟通时尽可能正确理解客户想要表达的意思。

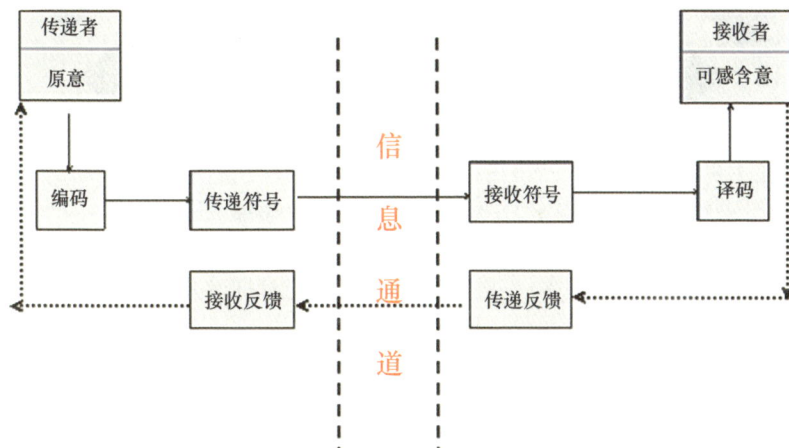

图 4-1　信息沟通模型

（3）产品专业知识准备。客服的专业性知识是连接店铺和客户之间的桥梁，熟悉自己店铺的产品参数、精准推荐客户所需求的产品、掌握店铺物流信息等（如图4-2所示），可以让客户打消各种疑虑，产生购买行为。客服的专业知识培训使客服人员能流利解答客户提出的各种关于产品的问题。

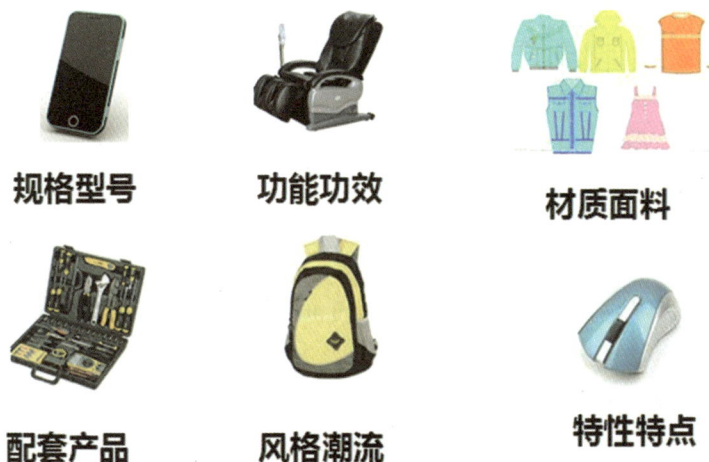

图 4-2　产品专业知识信息

（4）电商平台操作技能准备。电商客服是在计算机上通过沟通工具和客户进行交流，并为客户提供发货、物流、退换货等服务，所以，相关平台的客服工具操作、发货设置操作、退换货处理操作、相关信息查询操作等是客服最基本的操作技能，创业者根据所选的电商平台对客服人员进行针对性的指导操作技能培训，使其掌握正确、快速的操作能力。

3．客服售中接待流程和常用话术

客户接待、异议处理、促成下单等是电商客服整个工作流程中最为重要的环节，具体的客服售中接待可分为 7 个步骤，如图 4-3 所示。

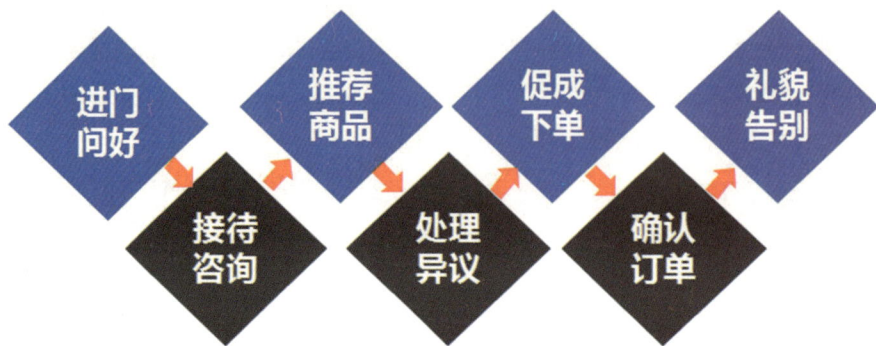

图 4-3　客服售中接待的 7 个步骤

（1）进门问好。开门迎客，一句温馨的问候语，对打消客户的防备心理，拉近与客户的距离，提升客户的购物体验是非常有好处的，通过图 4-4 可以发现不同的对话可以传递出不同的感受。

买家：在吗？
卖家：您好，欢迎光临网创店，我是客服兵兵，很高兴为您效劳，请问有什么可以为你服务 😀
买家：你们的这款连衣裙有红色的吗？（截图）
卖家：您好，您说的是这款吗？😀（截图）

买家：在吗？
卖家：在
买家：你们的这款连衣裙有红色的吗？（截图）
卖家：没有

图 4-4　不同的客户进门问好对话

进门问好可选择如下用语："亲，欢迎光临本店，我是客服 ×××，很高兴为您服务，请问有什么可以帮到您的吗？"

（2）接待咨询。通过提问，进一步了解客户需求，并作出合理推荐，同时，通过提问，有时候可以激发客户的潜在需求。以下是提问方式方法。

要体察客户的意图，所以要七分听三分问；提问应是一种引导，并且语气忌简单生硬；要做到用提问激发客户的潜在需求；提问中如能穿插推荐，更容易促进销售；好的提问应该为下一步分析客户做准备。

提问有两种主要的方式，即开放式提问和封闭式提问，其作用是不同的。

开放式提问的方法有：您对物流有什么要求？您对商品有什么意见？您有什么问题？

封闭式提问的方法有：给您发快递好吗？您喜欢这件商品吗？您还有问题吗？

如果想让客户尽可能多地说出自己的想法和观点，以便最大限度地了解客户的需求，那就用开放式提问法。如果想让客户尽快做出决定，或帮助客户下购买的决心，那就多采用封闭式的提问方式。

（3）推荐商品。推荐商品就是向客户介绍商品，从而继续引发客户对商品的兴趣。通过之前的交流，在大体了解客户的喜好、需求后，针对客户的喜好和需求，将商品朝着客户可能感兴趣的方向推荐。

客服推荐商品时可以使用以下技巧：推荐应建立在之前交流所获取信息的基础上；推荐店内最符合客户需要的商品；精准地推荐客户所需（熟悉商品特性）；推荐时站在对方角度（明确客户利益）；有优惠活动及时告知（体现诚信态度）。

（4）处理异议。由于网络购物时，客户只能看到图片和文字介绍，无法直接接触商品，直观判断商品品质，因此，客户在与客服交流时，必然带着问题和疑虑，甚至是怀疑和挑剔。面对客户的疑虑时，首先要做的是承认对方的立场，告诉对方，我也有同样的感受，或者，如果我是您，也会有这样的感受，告诉对方接下来我的话确实是经过换位思考过后才说的，然后针对客户的需求，提出正确的或更有利的解决方案，最后，需要说服客户接受正确的方案，引导客户下决心购买。

在这个环节最忌讳的是生硬地否定客户的观点或强迫客户接受自己的观点和建议，这两种做法不仅会引起客户的反感和更大的疑虑，严重时还会与客户发生冲突导致不必要的纠纷和投诉。图4-5所示是处理异议流程示例，可以根据店铺实际情况进行参考。

图4-5 处理异议流程示例

该环节的一个重要性在于为促成交易做准备，换而言之，客服进行解释、推荐的目的是实现成交。因此，一个店铺在经营或推广新的商品前，最好能提前设定优惠条件和促销措施，并使客服准确了解和灵活把握，特别值得注意的是，这在很大程度上是买卖双方在价格上的谈判，更应提前设置商品的价格底线和最大让利程度，并制定超出底线时的解决预案，以方便客服灵活应对。

（5）促成下单。促成下单就是在了解客户需求、解决客户疑虑的基础上，引导客户做出购买的决定。

订单催付短信模板如下。

1）常规模板：温馨提醒，亲的订单尚未付款。为确保心爱宝贝早日启程，顺利到达，记得尽快付款哦。如有疑问请咨询客服，祝生活愉快！

2）激励模板：亲，您在"（店铺名称）"购买到的宝贝还未付款哦。今天下午5点前支付将享受当天发货和惊喜小礼物哦！

3）文艺模板：你看过许多风景，累积了许多里程，你用心挑选我却说不出爱我的原因。快用行动告诉我，带我去旅行。亲爱的，等你付款哦。

4）卖萌模板：主人，我是您在"（店铺名称）"拍的宝贝，快付款把我领回家吧，我好想你！

同时，客服在促成交易时还要注意以下事项：认真体察客户是为了更好地做销售；

将心比心，正确了解客户的潜台词；可以用更多其他方式了解客户；不要急于求成，防止适得其反；对客户的了解不一定要让他（她）都知道；分析客户的最终目的是促成交易。

（6）确认订单。确认订单的目的主要是澄清双方的理解是否一致、强调重要内容、表达对双方所讨论内容的重视。客户下单付款后，应该和客户确认订单信息和备注信息，如收货地址、收件人基本信息等，防止订单信息错误而耽误商品送达，降低客户体验度。对于偏远地区的客户，有必要提前和客户确认商家选择的快递是否能够到达，避免快递退回，影响客户体验，增加快递成本。

（7）礼貌告别。对于购买商品的客户，要以礼貌送别，告知客户如有问题联系商家，并期待客户的好评。例如："感谢您的光临，商品在使用过程中有任何问题可以随时和我们联系，如商品使用得好希望您能介绍给您身边的人，期待您的好评，我们的进步离不开你们的支持，欢迎您的再次光临，谢谢。"

对于没有购买商品的客户也要礼貌送别，期待他（她）的再次光临，因为这类客户很有可能再次成为客户。例如："感谢您的光临，对产品若有需求请随时和我们沟通，我们竭诚为您服务，期待您的惠顾，谢谢。"

客服与客户告别时还要注意以下事项：用语礼貌、亲切大度会给客户留下好印象；先将有购买意向的客户加为好友以备跟进；对不同客户进行分组和设置重要级；留出考虑空间，紧迫盯人将适得其反；告别前适度尽量为下次交易制造机会。

4. 客服售后管理

客服售后管理是指商家在买家付款后对买家的一系列服务，包含发货与物流、售后问题处理流程、老客户维护三个内容。

（1）发货与物流。客户在购买商品后，卖家需要将商品打包，以方便商品寄送。创业初期考虑到人员成本，发货与物流工作往往由客服人员操作，对于成熟的电商企业，客服人员虽然不用实际操作，但也要了解整个发货和物流的过程，以方便与客户进行沟通和解答疑虑。商品包装的好坏关系到物流过程中商品质量能否保证，同时，也直接影响客户对服务态度的认可度。商品包装示例如图4-6所示。

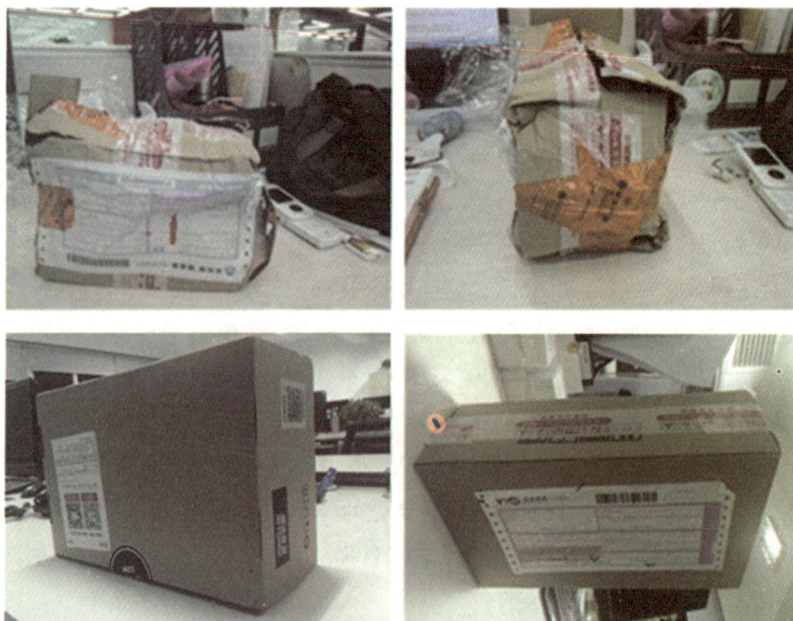

图4-6　商品包装示例

不同的标准材料所对应的商品是有所区别的，商品打包之前首先要了解用作商品打包的常见包装材料，纸板箱适合大多数商品，塑料袋适用于衣物与床上用品，牛皮纸适用于书籍类商品，PVC 管适用于字画海报类商品，如图 4-7 所示。

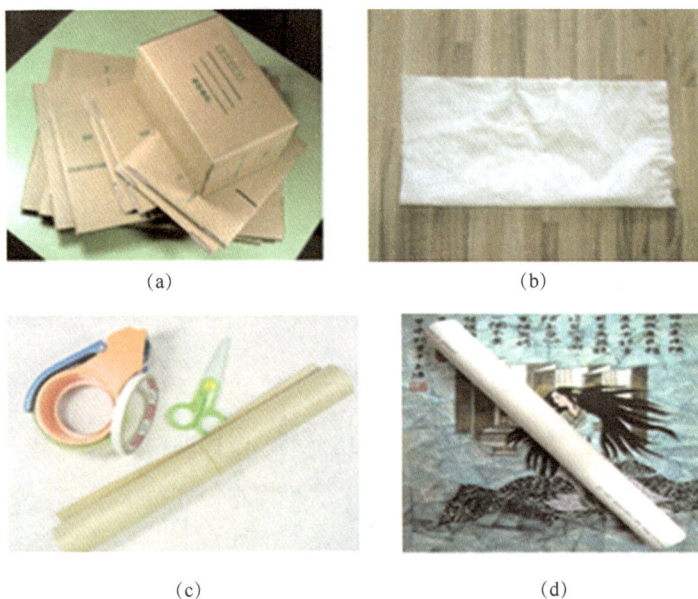

(a)   (b)

(c)   (d)

图 4-7　包装材料示例

（a）纸板箱；（b）塑料袋；（c）牛皮纸；（d）PVC 管

商品打包完毕后就要选择合适的物流公司寄送商品，针对商品的大小和投递地域，电商物流一般可分为国内快递、国内物流、国际货运，如图 4-8～图 4-10 所示。

图 4-8　常见国内快递示例

图 4-9　常见国内物流示例

图 4-10　常见国际货运示例

根据商品的实际情况，选择性价比较高的快递或物流后，就要认真填写快递或物流面单，如图 4-11 所示。

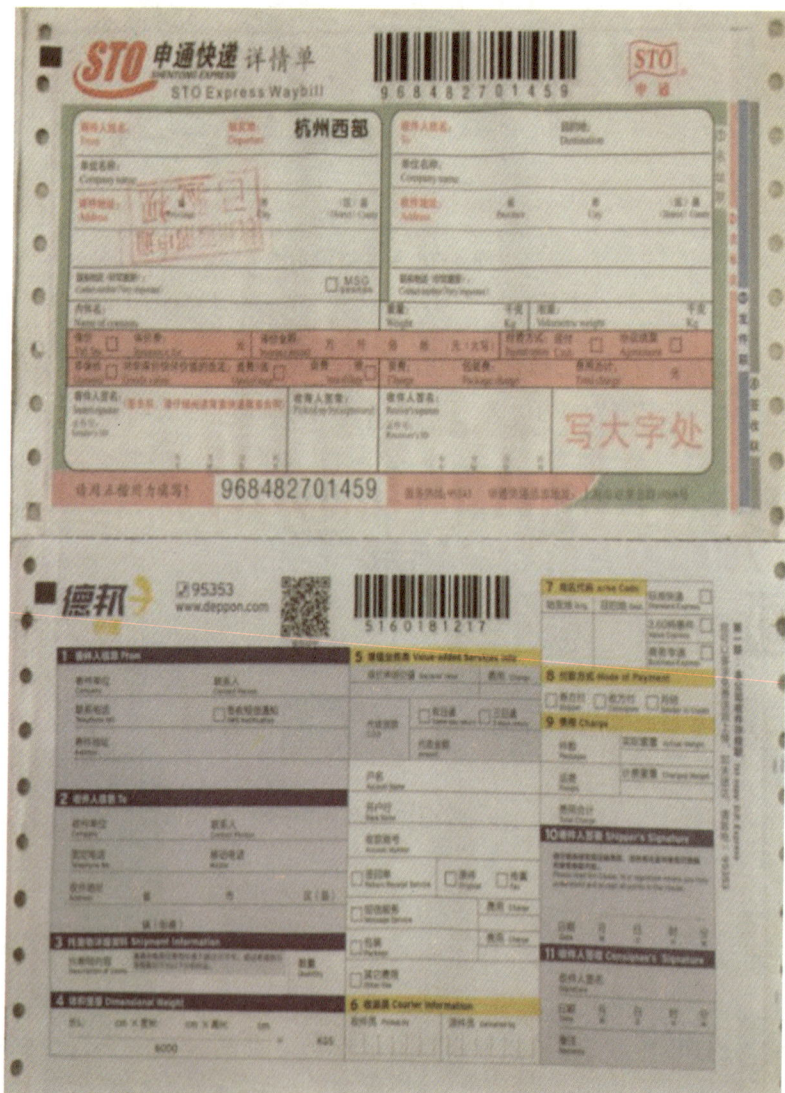

图 4-11　常见快递 / 物流面单示例

面单填写完毕后要再次与后台客户填写的物流信息进行核对，防止出错，并且将快递或物流单号输入店铺后台，如图 4-12 所示。为了让客户享受好的服务，需要在第一时间通过即时通信工具或手机短信等方式，告知客户物流信息，包括快递单号、物流公司名字及大体多长时间能送达，并提醒客户注意查收。

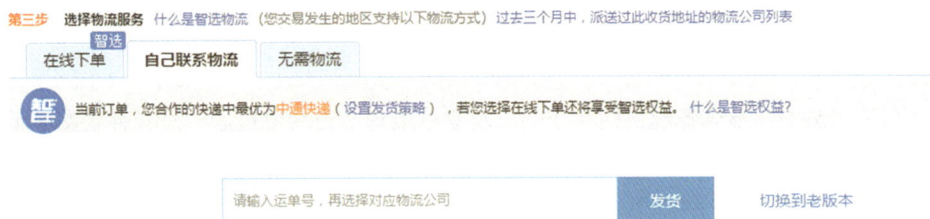

图 4-12　以淘宝为例的卖家物流信息后台示例

客服发货物流的工作需要注意：打包合理规范，邮费控制精打细算，及时发货刻不容缓，发货通知能早别晚。

（2）售后问题处理流程。客户付款结束后可能会因为某种原因（如产品质量、色差、功能、物流等）产生纠纷或投诉，因此需要售后客服在第一时间介入并帮助客户解决问题，提供技术指导和后续服务。

客户产生纠纷或投诉的原因很多，归结起来主要有以下几类：产品质量不过关、客户对产品性能不了解或产品使用不当、物流原因导致收货延迟。

针对上述三类原因，售后客服应采取不同的解决办法。

1）产品质量不过关的，可要求客户提供图片或证明，确系产品质量问题的，及时为客户办理退货退款。

2）客户对产品性能不了解或产品使用不当造成误解的，售后客服应及时与客户取得联系，告知客户产品的主要性能和正确使用方法，必要时向客户提供详细、准确的产品使用指导文件，帮助客户熟悉产品，掌握正确的使用方法和技巧。

3）对于物流原因导致收货延迟而形成的客户投诉，售后客服应先安抚客户情绪，并及时与物流公司联系，了解收货延迟的原因，并将结果及时反馈给客户，力争取得客户的谅解。

（3）老客户维护。电商竞争日益激烈，很多卖家获取新流量的成本不断提升，开发一个新客户所花费的成本大大高于维护一个老客户所花费的成本，因此，卖家非常重视老客户维护，并通过老客户产生额外流量和销量，如转介绍、二次营销等。

老客户营销策略有：建立客户通信群，并对客户按照购物金额或频率进行不同类别的划分；给予不同等级的老客户不同的购物折扣，客户等级越高，享受的折扣也越高；有重大促销活动或新品上市时，第一时间通知老客户，并发放可转让的优惠券等，不仅吸引老客户进行二次购物，并且可能通过老客户带来更多的新客户。

二、交易管理

1．交易管理的认知

（1）交易管理的概念。交易管理是指客户对选中的商品进行下单直至确认收货的整个过程，卖家在管理后台可以很清楚地查询到该过程的每个阶段状态。

（2）交易管理的重要性。

1）明确订单状态，落实相关工作。买家进入店铺后针对商品会有一个下单、付款、评价的购买流程，作为卖家要非常清楚订单处于哪一个状态，防止流程不清晰，影响成交；而熟悉整个流程，卖家能够相应做出一些举措，保证订单的成交和好评。

2）了解交易整体流程，防止受骗。卖家熟悉整个交易流程后，对各种状态显示情况掌握后，不会轻易相信对方发过来的突发性状态图片，从而保证了整个交易过程的安全性。

2．交易流程管理

买卖双方在电商平台进行交易的状态包括等待买家付款、买家已付款、卖家已发货、交易成功、退款。交易流程管理不仅包括卖家的一系列操作，有时当买家对交易流程不了解时，也需要卖家提供一定的帮助。这些基本操作可以在卖家中心的"已卖出的宝贝"板块进行，主要包括以下几个方面。

（1）等待买家付款。当买家拍下某个商品之后，在付款之前，商品的交易状态会呈现为"等待买家付款"。卖家在这时可能需要进行三种类型的操作，即等待买家付款、修改价格或关闭交易。如果交易双方对商品的价格没有任何疑义，卖家此时无须任何操作，只需等待买家付款即可。

（2）买家已付款。当买家通过第三方支付工具进行付款之后，交易的状态会变更为"买家已付款"。此时的货款由第三方支付工具代为保管，当交易成功之后，才会支付给卖家。此时卖家不要急着发货，而应先与买家核对订单上显示的商品信息、买家地址、姓名、联系方式，以免错发导致买家收不到商品。当全部信息确认无误之后，卖家再联系物流公司进行发货。

（3）卖家已发货。当选择好物流公司进行发货之后，卖家会收到一张由物流公司提供的发货单，将发货单上的物流单号输入系统之后，交易的状态会变更为"卖家已发货"。为了体现专业的服务态度，卖家最好将发货的消息通过即时通信工具告诉买家，提醒买家及时收货。这时，交易双方就可以通过"跟踪物流"功能查询物流的进展。当买家收到商品，并确认商品没有任何问题之后，可以单击"确认收货"按钮，第三方支付工具会将收到的货款支付给卖家。

（4）交易成功。当第三方支付工具将货款支付给卖家之后，交易的状态会变更为"交易成功"。这并不代表卖家已经完成了服务，卖家要为下一次交易打下基础。为了激励买家再次购买，卖家可以通过系统，为买家发放购物优惠券或礼品券，给买家留下良好印象，并充分表达出希望买家再次光顾的诚意。

（5）退款。并不是每一笔交易都能让买家完全满意，有时候也许因为商品出现瑕疵，或者买家选错尺码，甚至买家不喜欢所购商品，都可能出现退货或退款的情况。例如，大部分淘宝卖家参加了"七天无理由退换"活动，只要商品保持原样，买家在七天之内都有提出退款的权利。一旦买家提出退款，卖家应该在第一时间进行回复。如果沟通之后，买家执意提出退款，卖家应该配合买家共同解决。

卖家在某些交易状态下，可以进行一些行之有效的管理，以此解决客户的疑虑，防止不必要的纠纷，提升用户体验，并对客户进行有效管理。管理内容具体见表4-1。

表 4-1 各交易状态下的有效管理内容

交易状态	管理内容
等待买家付款	对于此状态超过 5 分钟以上的订单，应及时跟进客户，解决客户付款的疑虑，完成付款动作
等待卖家发货	要根据相关平台的发货时间规则，尽可能提前发货，缩短客户等待时间，提升客户体验
卖家已发货	及时关注物流状态，发现物流异常后要第一时间与物流／快递方联系解决，同时要告知客户，防止出现不必要的纠纷
待评价	需重点关注该状态，若出现客户差评等各种对店铺不好的评价要及时和客户沟通协商解决
退款中	对退款订单要先和客户沟通，弄清楚客户退款的真实意图，尽可能让客户放弃退款，若协商不成在退款中要注意时间和商品是否有损坏等，在协商过程中要避免语言过激
交易完成	为新客户建档，维护老客户

3．交易安全管理

通过第三方支付工具进行网上支付，买家拍下商品后，把钱给了第三方支付系统，并未给卖家，需要买家去支付系统确认到货后，卖家才能收到款项。另外，买家还可以通过以下几步来确保交易安全。

（1）牢记第三方支付工具的官方网址，警惕欺诈网站。牢记第三方支付工具的官方网址，不要点击来历不明的链接，买家在确保网址安全打开的情况下，进行收藏，以方便下次访问。

（2）用电子邮箱或手机号码注册一个第三方支付账号。买家可以用一个常用的电子邮箱或手机号码来注册一个第三方支付账号。

（3）设置"登录密码"和"支付密码"。第三方支付账户通常有两个密码，分别是"登录密码"和"支付密码"，这两个密码需要分别设置，不能为了方便设置成同一个密码，两个密码最好设置成不一样，这样更安全。缺一不可的两重密码，即使不慎泄露某一密码，账户资金安全依然能够获得保障。

（4）常给计算机杀毒。及时更新操作系统补丁，升级新版浏览器，安装反病毒软件和防火墙并保持更新；避免在网吧等公共场所使用网上银行，不要打开来历不明的电子邮件等。

三、评价管理

1．电商评价认识

客户在电商平台购物，交易完成后，客户针对此次交易过程中购买的产品本身及该店铺的整体情况进行客观有效的评价。

（1）评价分类。电商平台给予用户的评价权限分为数据类和描述类两项。

1）数据类。

①针对产品本身，分为好、中、差三个维度。

②针对店铺本身，分为卖家服务态度、产品描述相符度、发货物流速度三个维度。

2）描述类。针对此次购物体验，买家除可以进行数据类评价外，还可以通过文字和图片等形式进行描述。

（2）评价的重要性。各大电商平台为了让买家有好的购物体验，构建平台的闭环以让消费者能够监督卖家，采用了评价管理体系。评价管理体系经过多年的运营后，实质上成为"店铺品牌"的评判标准。评价的重要性可以概括为以下三个方面。

1）已购买商品的客户评价好坏，影响客户是否决定购买。

2）电商平台根据好评率判断商品或店铺的受欢迎程度，给予商品或店铺排名靠前的机会。

3）电商平台为了保障消费者利益，增加客户的体验度从而实现黏性，往往会将用户觉得好的商品或店铺推荐给其他用户，而直接体现方式就是用户搜索商品时排序的不同。

各大电商平台评价体系的出发点都是为了健全整个购物体验生态，但各大电商平台属性不同，在评价细节上存在一定的差异。电商创业者要根据店铺所属电商平台的实际，熟知该电商平台的评价体系。

（3）评价类型。买家在确认收货，无退款的情况下可对卖家进行评价，不仅可以添加文字，还可以附上图片。这里不难看出电商平台评价主要分为两种，一种是针对每个商品单品的评价；另一种是针对店铺的综合评价——DSR动态评分。

常见电商平台的评价体系包含信用等级、好评率及DSR动态评分，如图4-13所示。

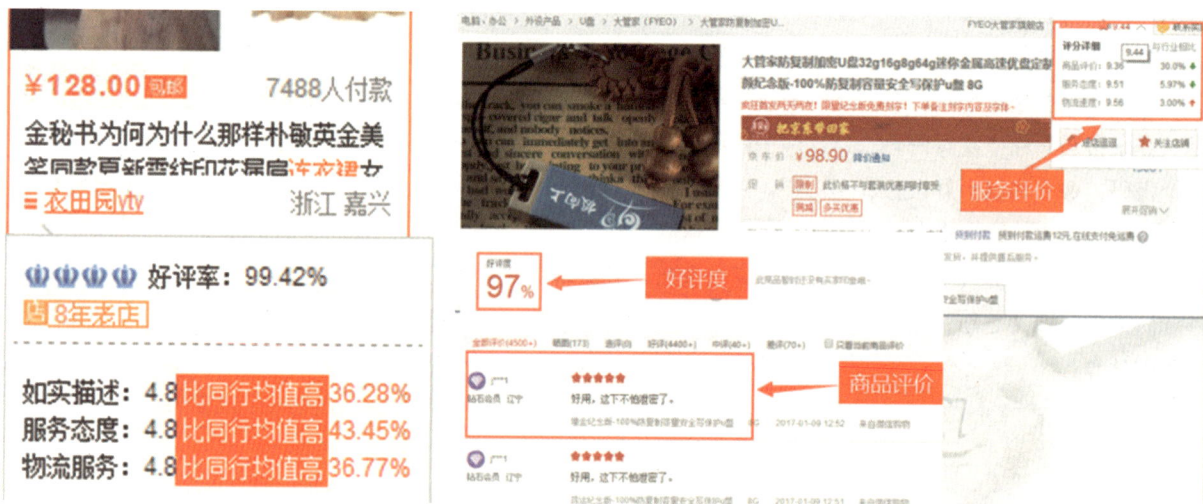

图4-13　淘宝网、京东商城评价体系

2. 电商评价管理

（1）单品评价。

1）单品评价介绍。电商平台对卖家实行评分累积等级模式的设计，买家在电商平台上购物一次，至少可以获得一次评分的机会，分别为"好评""中评""差评"。买家在订单交易成功后的15天内有权对商品进行评价。卖家每得到一个"好评"，就能够积累1分，中评不得分，差评扣1分。

针对卖家店铺的信誉分级，淘宝将250分以内的评价积分用红心来表示，251～1万分用蓝钻来表示，1万零1～50万分用蓝色皇冠表示，50万零1分以上的信用等级用金色皇冠表示。买家可以根据卖家的信誉标示来判断店铺商

品销售的数量及好评数量，最终形成自我评判，决定是否购买商品，如图 4-14
所示。

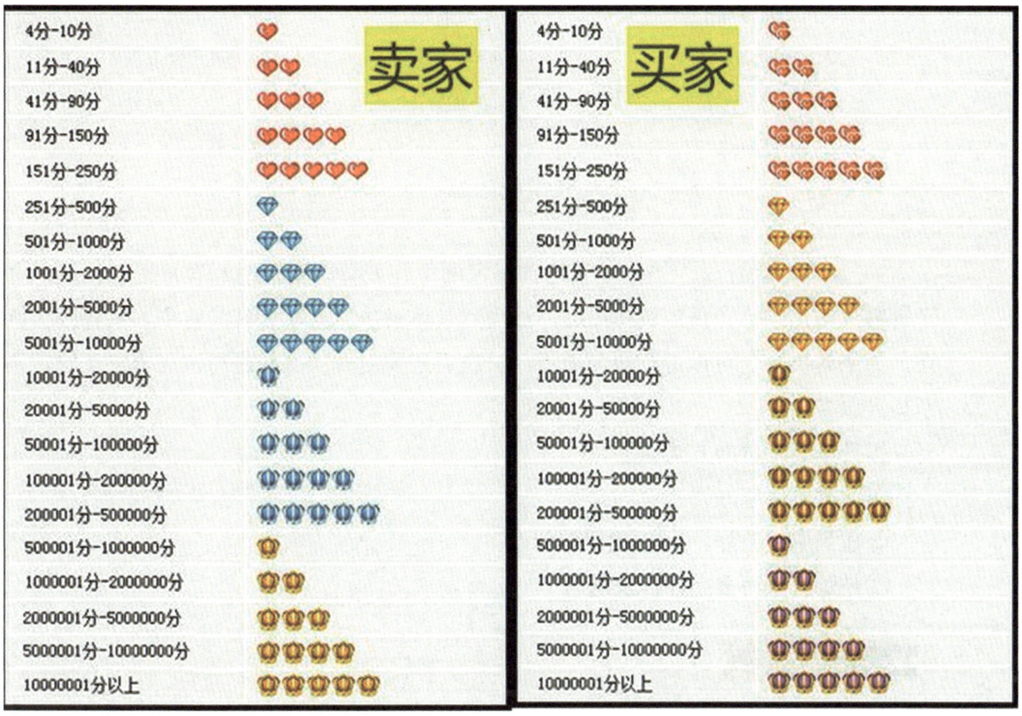

图 4-14 淘宝网积分体系

2）单品评价规则（以淘宝网为例，见表 4-2）。

①买卖双方有权基于真实的交易在支付宝交易成功后 15 天内进行相互评价。

②评价人若给予好评，则被评价人信用积分增加 1 分；若给予差评，则信用积分
减少 1 分；若给予中评或 15 天内双方均未评价，则信用积分不变。如评价人给予好
评而对方未在 15 天内给其评价，则评价人信用积分增加 1 分。

③相同买家、卖家在任意 14 天内就同款商品的多笔支付宝交易，多个好评只加
1 分，多个差评只减 1 分。每个自然月，相同买家与卖家之间交易，双方增加的信用
积分均不得超过 6 分。

④评价人可在作出中评、差评后的 30 天内，对信用评价进行一次修改或删除。
30 天后评价不得修改。淘宝有权删除评价内容所包含的污言秽语、广告信息及其他
有违公序良俗的信息。

⑤自交易成功之日起 180 天（含）内，买家可在作出信用评价后追加评论，追加
评论的内容不得修改。卖家可对追加评论的内容进行解释，追加评论不影响卖家的信
用积分。

⑥只有成功的交易双方才有评价权，交易是否成功以交易的状态为判断依据。也
就是说，如果买家收到货，只要选择了不退货退款，无论是全额退款还是部分退款，
系统都判定交易成功，此时双方仍然有评价权。反过来，只要选择了退货退款，并且
卖家确认收货，无论是全额退款还是部分退款，系统都判定交易关闭，此时，双方都
没有评价权。

表 4-2　单品评价规则

种类	好评	中评	差评
互评	买卖双方各加 1 分	都不加分	减 1 分
单评	默认好评双方加分	都不加分	被评价方减 1 分
不评	不加分	不加分	不减分
修改评价	不能修改	可在 30 天内修改一次	
追加评价	评价人可在评价完成后 180 天内追加评价		

3）提升单品评价。当创业者遇到买家的中、差评时要及时和客户进行沟通，并了解客户给出中、差评的具体原因，给出其具体解决方案，让客户将中、差评改为好评，如果解决不了可以进行协商退货，解决后还要对此次交易进行流程节点反思，不断提升服务。

提升单品评价的方式如下。

①及时给买家好评；

②碰到中、差评，30 天内协商修改；

③鼓励买家写多字评价及晒图。

小贴士

好评率是怎么计算的？

（1）卖家好评率＝所有计分的卖家好评数／所有计分的卖家评价总数。

（2）买家好评率＝所有计分的买家好评数／所有计分的买家评价总数。

（3）数据经系统四舍五入后显示。

（2）DSR 动态评分。

1）动态评分介绍。店铺动态评分（DSR）指标包括商品与描述相符、卖家的服务态度、卖家发货速度、物流服务的质量 4 项，如图 4-15 所示。

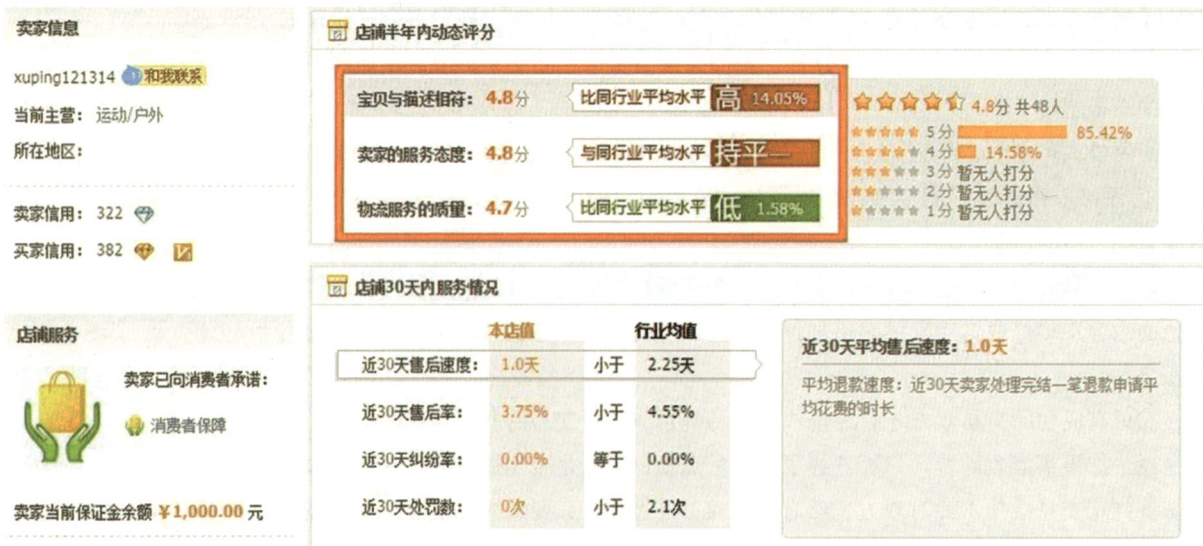

图 4-15　动态评分界面

商品与描述相符：包括商品发布符合规则、类目属性填写完整、商品描述详细、有文字描述和图片说明加细节实拍图、网页点击转化率、网页停留时间和访问深度、买家评分等。

卖家的服务态度：包括在线时间和响应速度、转化率、投诉率、退款率、30 天内店铺服务质量、回头客占比、买家评分等。

物流服务的质量：包括卖家点击发货时间、买家确认收货时间、快递实际发货和到达时间、买家评分等。

2）动态评分规则。交易成功后的 15 天内，买家可本着自愿的原则对卖家进行店铺评分。逾期未打分则视为放弃，系统不会产生默认评分，不会影响卖家的店铺评分。若买家在进行店铺评分时，只对其中 1 项或几项指标作出评分，就确认提交了，则视为完成店铺评分，无法进行修改和补充评分，剩余未评的指标视作放弃评分，不会默认评分。

店铺评分生效后，商品与描述相符、卖家的服务态度、卖家发货速度 3 项指标将分别平均计入卖家的店铺评分，物流服务的质量评分不计入卖家的店铺评分，但会计入物流平台评分。

①当店铺动态评分小于 4.4 分时，所有商品都会搜索降权。

②同一客户每月最多只计算 3 次动态评分，超出不计分。

③同一单号买再多商品只计算 1 次动态评分。

④动态评分在双方互评后半小时到 24 小时内显示。

⑤动态评分任何人都无法修改，也不能查看是谁评的分。

3）提升动态评分。商户对商品本身或店铺不满意一般包含产品描述、客户服务、物流速度三个方面。这三个方面几乎关系到电商企业的各个部门，创业者要针对这三个方面做好规划，具体的管理措施见表 4-3～表 4-5。

表 4-3 产品描述管理措施

维度	影响因素	对应部门	对应问题	管理措施
商品描述	商品质量	采购	商品质量差	严格商品用料，每道程序需质检
	商品尺码	运营	测量方法不准确，尺码与标准码有偏差	详细描述商品的测量方法，详细给出模特身材资料
	商品图片	美工	实物与图片有差异，显示器无法辨认	尽量上传实物拍摄图，然后放一个显示器辨认明亮度的图片，让顾客自己调显示器辨认
	页面描述	运营	描述夸大	按照实际情况酌情描写

表 4-4 客户服务管理措施

维度	影响因素	对应部门	对应问题	管理措施
客户服务	态度	客服	服务用语不礼貌，不尊重/重视客户	规范客服专业用语，加强培训，让客服知道顾客对店铺的重要性
	响应时间	客服	响应时间过长	可设置自动回复，若回复慢，应先致歉并说明原因

续表

维度	影响因素	对应部门	对应问题	管理措施
客户服务	专业知识	客服	不清楚商品知识，不清楚流程或操作，解决不了客户提出的问题	先让客服了解电商平台规则，并对客服进行产品培训
	售后	客服	态度生硬	通过培训让客服明确良好的服务态度的重要性，设置一些奖惩措施，同时对同意买家退换货、卖家承担全部或部分运费等要求放宽一定的权限

表 4-5　物流速度管理措施

维度	影响因素	对应部门	对应问题	管理措施
物流速度	发货时间	仓储	截止时间之前没有发货	规定当天截止时间前的订单必须当天发出，订单部必须在截止时间之前将紧急件审核完
	发货速度	客服仓储	未将缺货情况通知客户，订单部审核迟迟不通过	全面实现订单 24 小时内全部发货，如有缺货问题，客服应及时通知客户
	包装	仓储	包装不完整、外包装破损、打包时缺货、发错件	配货组严格按照订单配货，打包组按正常订单包装（包装符合店铺定位），遵守发货标准
	问题件发货	客服仓储	问题订单没有备注、问题订单审核通过	问题订单一定要详细备注，客服及时处理各自的问题订单，若有特殊情况订单部可以马上审核问题订单，物流部马上为问题订单配货

第二部分　实训操作

【实训主题】

掌握客户管理技巧，在模拟商城中进行模拟交易。

【实训目标】

能使用客服管理工具，掌握客户沟通流程和技巧；掌握电商交易整体流程。

【实训场景】

作为"华丽女装"网店客服，为了提高客服效率，在开始接待客户前，需要完成客服软件个性签名、自动回复、快捷短语等基础设置；同时，需要掌握客户接待流程和不同场景的沟通话术；学生在模拟商城中完成商品的下单、付款、确认收货、评价等整个购买流程。

【实训内容】

客服软件个性签名、自动回复设置、快捷短语设置等；客户接待流程和话术训练；学生完成买卖交易流程。

【实训操作】

1．客服软件基础设置

（1）个性签名设置。在系统设置界面内在左边导航栏中选择"个性签名"选项，可以进行个性签名的设置，如图 4-16 所示。

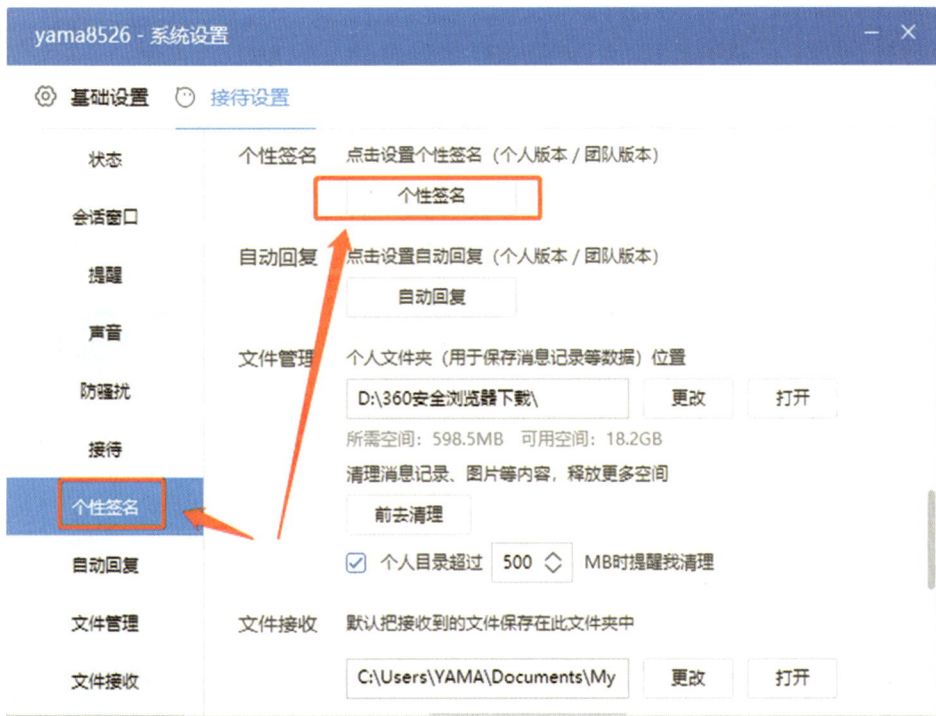

图 4-16 个性签名设置界面

请为"华丽女装"店铺设置个性签名，将个性签名填入表 4-6。

表 4-6 设置"华丽女装"店铺个性签名

"华丽女装"店铺个性签名设置	

（2）自动回复设置。进入系统设置界面，选择"自动回复"选项，可进入自动回复设置界面，如图 4-17 所示；根据不同状态，新增自动回复的话术，也可以使用团队版本，形成店铺的统一风格，如图 4-18 所示。

图 4-17　自动回复设置入口界面（1）

图 4-18　自动回复设置界面（2）

请为"华丽女装"店铺设置自动回复,将内容填入表 4-7 中。

表 4-7 设置"华丽女装"店铺自动回复

当第一次收到买家消息时自动回复	
当我的状态为"忙碌"时自动回复	
当我的状态为"离开"时自动回复	
当正在联系人数为 30 时自动回复	

(3)设置快捷回复短语。针对客户咨询重复度较高的问题,可以进行快捷短语设置,以缩短客户响应时间和缓解客服工作压力。快捷回复短语必须分组,包括欢迎语、告别语、活动介绍、产品推荐、议价、议邮费、退换货等。请在表 4-8 中设置快捷回复短语。

表 4-8 设置快捷回复短语

欢迎语	
告别语	
活动介绍	
产品推荐	
议价	
议邮费	
退换货	

2. 客服售中接待常用话术训练

(1)进门问好(表 4-9)。

表 4-9 进门问好训练

买家:	在吗?
客服:	

(2)推荐商品(表 4-10)。

表 4-10 推荐商品训练

买家:	有什么好看的外套推荐吗?
客服:	

(3)异议处理(表 4-11)。

表 4-11 异议处理训练

买家:	不是 24 小时内发货吗,都过了 2 天了,还没发货?
客服:	

（4）催付款处理（表4-12）。

表4-12　催付款处理训练

客服：	

（5）礼貌告别（表4-13）。

表4-13　礼貌告别训练

对未成交客户礼貌告别：	
对成交客户礼貌告别：	

（6）退款处理（表4-14）。

表4-14　退款处理训练

客户：	这个款式我不喜欢，我已经申请退款了！
客服：	

（7）退换货处理（表4-15）。

表4-15　退换货处理训练

客户：	如果我收到衣服不合适怎么办呢？
客服：	

（8）议价（表4-16）。

表4-16　议价训练

客户：	这件衬衣可以便宜点吗？
客服：	

3．买家身份的操作流程

登录 https://www.ningbochuangye.com/ 开始网络创业实训，登录自己的账号，输入自己的账号和密码，进入模拟商城（本部分以"华丽女装"店铺为例）。

第一步：在搜索框内输入其他人的商品名称，单击"搜索"按钮，如图4-19所示。

图 4-19　搜索界面

第二步：进入店铺列表页后单击进入商品售卖页，单击"立即购买"按钮，如图 4-20 所示。

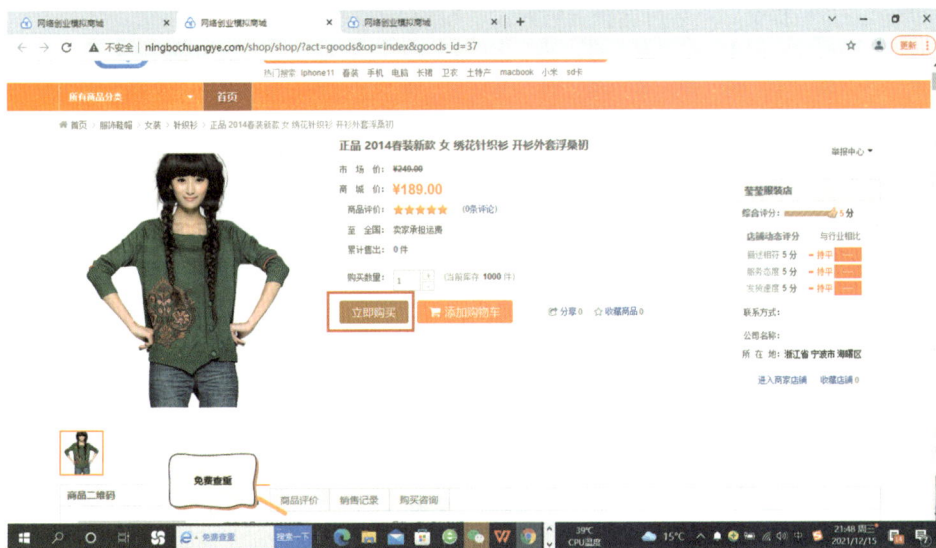

图 4-20　商品售卖页

第三步：第一次购买商品时需要先添加收货地址，将所有标"*"的内容填写完整，单击"保存收货人信息"按钮，如图 4-21 所示。

图 4-21　收货地址设置界面

第四步：回到订单界面，单击"提交订单"按钮，如图 4-22 所示。

图 4-22　订单界面

第五步：提交订单后可选择支付方式，如图 4-23 所示。

图 4-23　选择支付方式

第六步：支付方式选择完毕并付款后即提示付款成功，该订单完成，如图 4-24 所示。

图 4-24　付款成功界面

第七步：买家可以直接单击上面导航栏中的"买家中心"选项卡，然后在左侧选择"交易操作"→"已买到的商品"选项，查看订单列表、退款申请和退货申请，如图4-25所示。

图 4-25 在买家中心查看订单情况

第八步：订单完成后可以继续购物，也可以查看订单详情，如图4-26所示。

图 4-26 订单详情界面

第九步：买家收到货后，需先确认收货才能对卖方进行评价。买家可以单击"评价"按钮，评价分为单品评价和动态评价，并可输入文字，如图4-27、图4-28所示。

图 4-27 单品评价界面

评价商品

2018女装风衣韩国东
大门宽松小灯笼袖…

店铺动态评分

商品描述相符 ★ ★ ★ ★ ★
卖家服务态度 ★ ★ ★ ★ ★
物流服务质量 ★ ★ ★ ★ ★

发表评论

图 4-28　动态评价界面

小 贴 士

（1）每个账号中有 50 000 元虚拟币可以进行消费；

（2）收货地址可以重复使用同一个，也可以每次使用不同的收货地址；

（3）若在订单界面停留时间过长需要重新在"订单总金额"上面输入本账号的登录密码。

4．卖家身份的操作流程

第一步：当有买家下单后，卖家可进入模拟商城的"卖家中心"界面，单击"待发货"按钮，如图 4-29 所示。

图 4-29　"卖家中心"界面

第二步：单击"发货"按钮，如图4-30所示。

图 4-30　卖家后台订单查看界面

第三步：选择物流公司，填写物流单号，如图4-31所示。

图 4-31　物流公司选择和物流单号填写界面

【实训总结】

设置店铺个性签名，树立店铺形象；针对客户咨询重复度较高的问题，可以进行自动回复和快捷回复短语设置，以缩短客户响应时间和缓解客服工作压力；熟悉客服工作流程和相关话术，根据客户需求及时解决客户问题，为客户提供优质服务，塑造店铺的良好形象，同时，提高店铺成交量和回购率。

买家进入店铺后针对商品会有一个下单、付款、评价的购买流程，卖家要非常清楚订单处于哪一个状态，以防止流程不清晰，也不会轻易相信对方发过来的突发性状态图片，从而保证整个交易过程的安全性。

第五章 运营规划

第一部分 知识准备

一、店铺推广规划

1．推广认知

商品上传、店铺装修、店铺管理等全部完成后，就需要对店铺或商品进行宣传，以此吸引客户进行购买。通过图 5-1 可以看出，店铺成交金额与店铺的访客数有着必然的联系，因此做店铺推广可达到如下目的。

直接目的——带来访客数，运用一定媒介，有计划地进行店铺传播广告活动，简单说就是要让客户"找到我们"。

最终目的——促成交易，客户上门后，利用有效的产品价值点挖掘促使交易成功，简单说就是要让客户"选择我们"。

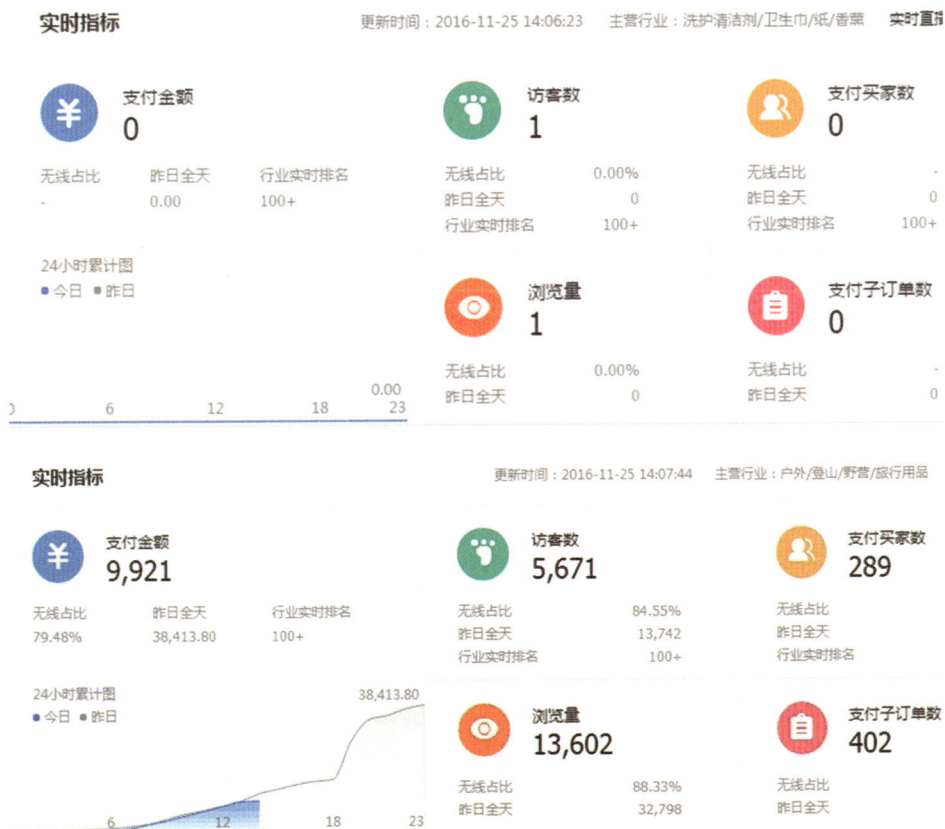

图 5-1 店铺后台数据呈现

2．推广分类

推广的渠道和方式有很多，按照不同的标准，可分为付费推广和免费推广、站内推广和站外推广、线上推广和线下推广等。创业者需要根据自己的营销预算和项目不同阶段的运营目标，选择合理有效的推广方案。多渠道整合推广是当前大多数企业的选择，通过增加商品和店铺的曝光量，给店铺带来更多的流量。

（1）免费推广。免费推广是指在店铺推广过程中，不花费任何费用进行商品和店铺的宣传，提高商品或店铺的展现率，获取更多的流量。

1）社会化媒体营销。社会化媒体营销又称为社会化营销，是利用社交媒体进行营销、公共关系、客户服务维护开拓的一种方式。在网络营销中，社会化媒体主要是指具有网络性质的综合站点。社会化媒体营销需要社交思维，而不是传统思维模式。一般社会化媒体营销工具包括论坛、微博、微信、博客、社区、自媒体平台等，如图5-2所示。

图5-2 社会化媒体营销布局

社会化媒体营销的最大特点就是可以充分展示人与人之间的互动，社交网络的"多对多"信息传递模式具有更强的互动性，可受到更多人的关注，社交网络营销模式满足了网络用户参与、分享和互动的需求，体现了网络用户的特点，代表了网络营销发展的新趋势。

2）站内免费流量。

①站内自然搜索流量。自然搜索流量是所有店铺都想获得的免费优质流量，是指通过各种优化让店铺商品在关键词搜索中排名靠前，被更多的买家看到并点击购买。影响自然搜索流量的因素有很多，包括商品标题、商品权重、店铺权重等因素。店铺运营可以从这些方面进行优化，例如，对商品标题中的关键词进行匹配调整、做好商品详情页和主图优化、做好店铺各项服务数据以提升店铺权重等，从而获得更多的站

内免费流量。

②报名参加平台活动。电商平台为卖家提供了很多扶持活动，卖家可以通过积极申报平台活动来提高商品和店铺的曝光率。

平台活动一般可分为官方活动、渠道活动和类目活动三大类。官方活动一般是指平台在重大节日或特定时期举办的活动，如"6·18""双11""年货节"等，参加平台官方活动的商家可以获得大流量导入。渠道活动主要有天天特卖、淘金币、有好货、免费试用、淘抢购等，参与渠道活动也能得到平台的流量分配。类目活动是指各频道相关的主题活动。每个一级类目都有属于自己的类目频道，频道内会有固定的频道活动，以及不定期的主题活动。店铺可以提前和类目小二沟通，积极申报类目活动。需要注意的是，商家需要配合活动设计店铺页面、商品主图等，以迎合活动主题，进而达到更好的推广效果。

③线下引流推广。很多电商创业者往往会拘泥于线上推广模式，其实随着线上线下的高度融合，特别是移动互联网的普及，上网变得越来越便捷，所以，很多电商创业者采用从线下免费引流的方式来进行推广。

名片：名片在日常的商务交流中是一项非常常见的工具，名片起到了介绍和宣传自我的作用。很多电商创业者将自己的店铺名称或者店铺链接二维码印于名片上，这在无形中宣传推广了自己的店铺，有需求或感兴趣的人往往会根据名片上的介绍进行访问，这会带来一定的流量和成交。因此，创业时要充分利用名片这种线下引流的方式。

宣传单：很多买家收到商品包裹时都会发现里面有一张店铺的宣传单页，单页中有希望客户给予好评、店铺链接二维码、二次购物优惠码等信息，这种宣传单页对顾客起到了很好的引导作用，对于店铺的好评、引流、二次购物等都有非常好的促进作用。因此，创业者要充分利用商品包裹将宣传单页送到客户手中，但是在初期考虑成本问题不一定要使用彩色印刷品，可以用黑白复印件，或使用更能代表创业者态度的手写版宣传单页。

交流活动：随着信息互通和行业交流的普及，电商创业者开始组织运营交流、推广技巧交流等各种沙龙。电商创业者要在有条件的情况下，积极参与此类活动，因为通过这类活动不仅能学到专业性的知识和技能，更能适时地宣传和推广自己店铺的已有商品，提升在行业中的知名度。

当然线下引流的推广方式多种多样，不仅只有以上几种，创业者要保持营销的敏感性，把握一切可以宣传和推广自己店铺和商品的机会。

（2）付费推广。为了获得更高的曝光率，越来越多的商家选择付费推广方式。付费推广方式主要有以下几种：

1）按点击量付费推广（CPC），是指采用竞价排名的方式，对参加排名推广的商品进行有限展示，电商平台按照商品点击次数进行收费。CPC是当前网络中最常见的一种推广方式，它实现了精准引流。通过买家的搜索关键词，将宝贝匹配和推广给更加精准的客户群体，对于这些有需求的人群来说，他们很有可能会下单，而对于商家来说，这些都是最精准的流量。店铺通过投放CPC广告可以让店铺商品快速获得买家的关注，尤其是在店铺推出新品的时候，什么样的标题关键词能带来流量、什么样的主图能够吸引买家点击，这些都可以在CPC推广计划的数据中得到清晰的反馈。店铺可以通过各种测试，最终选择最优的宝贝标题关键词和商品主图，选出店铺中最有潜力的商品进行重点运营。

2）按成交量付费推广（CPS），是指店铺按照推广所产生的实际销售收入支付销售费用的模式。这种按成交量付费的推广方式是最受商家喜欢的。一方面，它的推广风险比较低，只有买家购买商品，店铺才会支付一定比例的费用，真正做到了按成交数据付费；另一方面，它的推广渠道可以拓宽。在只考虑成交量的前提下，承接推广任务的推广者可以选择各种线上、线下推广渠道，增加了客户的多样性。

3）按展现量付费推广（CPM），是指按每千次浏览计价。按展现量付费推广可以快速引流，投放了 CPM 推广的商品往往出现在电商平台的醒目位置，这就为店铺带来了巨大的曝光量，让商品或店铺在短时间内迅速获取大的流量，对于提升店铺访客数和销售额具有非常直接的作用。

二、店铺优化规划

店铺优化指的是系统性分析运营中的店铺，发现存在的运营问题，提炼良好的运营方法，促使店铺的运营更加合理规范的过程。那么，面对已经建立的店铺，究竟应该怎样开展运营优化呢？

根据电商流量获取金字塔模型，可以将电商平台上所有买家的行为根据不同阶段分为展现（看到你）—点击（点击你）—转化（选择你）—客单价（认可你）—复购、转介绍（信任你），如图 5-3 所示。

图 5-3　电商流量获取金字塔模型示意

1．店铺优化的原理

无论大店小店、新店老店，销售额是永远不变的追求。店铺日常数据解读也可以围绕销售额展开：

$$销售额 = 访客数 \times 转化率 \times 客单价$$

因此，访客数、转化率、客单价构成了店铺日常运营的最基础数据维度。店铺优化就可以从这三点入手。

（1）访客数。访客数也称为独立访客，指的是单位时间内通过各种途径访问 / 浏览店铺的客户数量，一般 00：00—24：00 内相同的客户只被计算一次，通常称之为 UV（Unique Vistor）。与访客数对应的是流量，即 PV（Page View）。

访客数和流量的区别在于，假如一天内一个客户（默认 IP 地址）访问店铺 10 次、点击页面 20 次，那么，访客数计为 1 人，而流量记录则为 30 次，即流量等于店铺页面浏览量或点击量之和，用户每次访问店铺页面即被计算 1 次，用户点击店铺多个页面或对同一页面多次点击，流量均累积计算。流量通常大于访客数。

（2）转化率。转化率也称为店铺成交转化率，指单位时间内店铺访客数与成交客户数的比值，也就是有多少比例的访客购买了商品。其计算公式为

$$转化率 = 成交客户数 ÷ 访客数$$

例如，某店铺当日访客数为 1 000 人，其中 10 人下单购买，那么转化率就是 10÷1 000=1%。

（3）客单价。客单价是指店铺经营过程中单位时间内每个成交访客购买商品的平均金额。这里所说的单位时间可以是一天，也可以是一个月，时间段不同，客单价可能会存在差异。其计算公式为

$$客单价 = 销售额 ÷ 成交客户数$$

例如，某店铺当日共有 10 位客户下单，共实现销售额 1 000 元，则其当日客单价为 1 000÷10=100（元）。

2．店铺优化的措施

（1）提高访客数。提高访客数需要通过展现量和点击率实现。

1）提高展现量。

①优化标题。前期通过大盘数据和同类产品的客户购买习惯针对产品制作了商品标题，运营一段时间之后要根据店铺实际情况对店铺商品进行针对性优化。例如，通过淘宝的"生意参谋"工具，查看一段时间内标题中哪些关键词给该商品带来了展现量，哪些关键词从未带来展现量。可以替换从未带来展现量的关键词，保留带来展现量的关键词，阶段性循环优化标题，如图 5-4 所示。

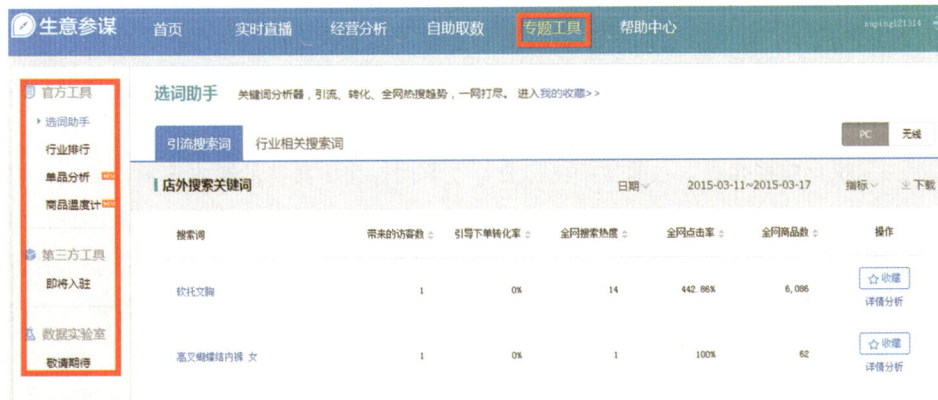

图 5-4　"生意参谋"线上标题带来的访客数

②优化类目。发布商品时选择的类目要精准。例如，某卖家销售量杯，而对于该商品，系统提供的可以选择的类目很多。卖家可以通过淘宝的"生意参谋"工具确定流量分配较多的类目。

③优化权重。通过提高商品的点击率、转化率、商品销量、动销率、收藏量、加购量及停留时间等指标，优化商品的权重，也可以通过交消费者保证金、提供

7 天无理由退换货服务、成为金牌卖家、提升店铺动态评分、优化店铺介绍和店铺名称等工作，提升店铺权重。通过提升商品权重和店铺权重可以获得更多的展现量。

④其他。可以进行前面讲到的免费推广中的商品上下架时间优化、SNS 等，在合适的时间段还可以进行 CPS、CPM 等付费推广。

2）提高点击率。

①优化商品主图。主图中的商品经过美工修饰，呈现出最大卖点，且主图的设计与同类商品的主图有差异，再辅以促销及合理的布局，有利于在诸多商品同时展现的时候吸引买家，进而提升商品的点击率。

②优化商品定价。怎样的定价对于买家具有较强的吸引力，有利于提高商品点击率？除采用常规定价方法外，卖家还要从竞争者的角度考虑优化商品定价，主要考虑商品所处商圈中其他竞争者的价格，然后结合自身的销量和品牌进行优化。

③优化店铺属性。个人店铺、企业店铺要想在排名上有所提升，还有一个非常重要的因素就是店铺在商品质量、售后服务方面的优化能吸引客户选择。

（2）提高转化率。

1）优化商品描述。商品描述能凸显商品的卖点，让买家感受到其可能得到的利益。所以，第一要让买家关注到商品能给自己带来什么价值或利益，而并非商品本身；第二就是要展示出支撑卖点的证据，即呈现出商品的特性；第三是要呈现让买家信任的材料，不仅包括让买家信任商品的材料，还包括让买家信任店铺的材料；第四是要打消买家的疑虑，做出相对应的售后承诺。

2）优化商品定价。这里所说的商品定价与"提高点击率"中所说的商品定价不同，前文所说的商品定价指的是买家看到的商品价格，而这里所说的商品定价指的则是一系列的价格信息，是在买家点击进入店铺后所看到的商品定价，不仅要考虑商品的成本、竞争对手的价格等因素，还要考虑设置原价、一口价、店铺红包、返现红包、淘金币等多维度促销价格因素，促使买家积极下单，提高店铺成交转化率。

3）优化售中客服。在前文中已经介绍了客服在售中接待的基本流程，那么，怎样的售中客服才能进一步促使买家购买商品呢？客服人员应该重点分析买家心理，如买家质疑商品价格，客服人员可以阐述商品价值和卖家实力来应对；如买家要求打折或包邮，客服人员可以通过明确店铺优惠原则来应对。所以，优化"异议处理""促成下单"环节是重点。

（3）客单价。

1）优化关联营销。可以优化商品搭配营销、关联营销和其他营销，通过商品营销能让每位下单的买家愿意购买更多的商品，提高客单价。例如，开展搭配营销或关联营销，也可以配合"满就送"的促销策略提升客单价。

2）优化售中客服。要提高客单价，客服人员可以立足于买家心理，从优化"产品推荐"环节考虑，例如恰当地利用推荐技巧和语言，向买家推荐关联商品或介绍促销方案等。

三、店铺财务规划

财务规划是指预测资金来源和使用，包括启动资金预测、资金筹措方式、销售预测、利润预测。电商创业者在电商项目实际落地前通过财务计划可以预测启动资金，拟定资金筹措渠道，预测企业利润，评估项目可行性。电商创业者要认真做好店铺财务规划。

1．预测启动资金

创业仅有钱是不够的，但没有钱是万万不行的。这里的钱通常指创业的启动资金。启动资金是电商创业者在创业初期的最低资本投入，是项目的前期开支，即开办电商企业并使其正常运转所需准备的所有资金，包括办公场地购买（租赁）费、设备购买费、必备办公家具费、采购原材料和成品（半成品）费用、支付电商平台费用、运营推广费用、员工工资及日常办公支出等费用。常见的电商创业资金需求大致可分为以下几类。

（1）开办费用。开办费用是指为了开展电商创业而需要支出的工商、税务登记费用和电商平台使用费等。不同的电商平台开店成本不同。在C2C类平台（如淘宝）上注册店铺，可以不用申请工商注册，且平台费用较低；在B2C类平台（如天猫、拼多多等）上注册店铺，就需要支付相对较高的平台费用。

（2）固定资产。固定资产是指电商企业为电商运营、提供电商服务而持有的、使用时间超过12个月的、价值达到一定标准的非货币性资产，包括房屋、建筑物、机器、运输工具及与电商运营活动有关的设备工具等。

一般情况下，电商企业创办之初，要尽量控制一次性固定资产的投入，将必要投资降到最低限度，能租用办公用房就不购买房屋，前期能独立运营就独立运营，待电商企业稳定持续获取足额利润的时候，再考虑增加人员。因此，创业初期固定投资主要集中于租赁办公用房、计算机、打印机、拍摄装置、监控设备等。

（3）流动资金。流动资金是指为保障企业正常运转所要准备的资金。很多电商企业可能需要运作一段时间后才会有稳定的销售收入，为确保企业能够持续经营，创业者必须预留一定的资金用于支付创业前期的日常开销。流动资金通常包括购买原材料和成品费用、店铺推广费用、物流费用、房租及水电等其他费用。

进行电商创业时，可以允许短期亏损，但不能缺少流动资金，因为流动资金是企业的生命线。

2．拟定筹资渠道

确定了企业所需启动资金总额后需要考虑资金来源。目前有以下几种常见的筹资渠道。

（1）传统型渠道。

向亲戚朋友借款：这是比较常见的一种方式，但是在借款前要明确还款时间，防止出现运营过程中抽离资金造成运营停滞的情况，同时，也要注意亲朋关系的处理问题。

股权出让融资：创业者可以找到天使投资人或投资机构，通过出让企业一定的股权获得资金支持，在出让股权的时候一定要衡量项目的估值，同时考虑清楚投资人或投资机构除资金外有没有其他支持。

贷款：创业者可以向银行或其他正规机构进行贷款获得前期的启动资金，在申请贷款的时候要结合自身情况进行针对性的选择。

（2）互联网型渠道。

众筹：电商创业者可以通过互联网众筹平台发布自己的产品，通过客户提前付款这个预售模式在预定的时间内募集资金，从而筹集创业所需的启动资金。

电商平台贷款：当前各大主流电商平台为了扶持电商创业者，提供了各种商家贷款服务，电商创业者可以结合各电商平台的实际要求和自身的实际情况选择合适的电商平台进行贷款。

（3）公益、政策型渠道。很多地方或组织都推出了创业优惠政策和公益基金，符合创业政策的电商创业者完全可以申报获取政府和公益基金无偿、无息或低息的创业启动资金。

3．预测企业利润

资金来源问题解决后，需要关注企业如何赚钱的问题。因为只有获得利润，企业才能持续发展。

预测企业的利润一般分三步进行：预测店铺销售总收入→计算总成本→测算企业利润。

$$店铺销售总收入 = 访客数 \times 转化率 \times 客单价$$
$$总成本 = 固定成本 + 变动成本$$

固定成本是指在一定时期内不随企业业务量变化而变化的成本，如房租、折旧、电商平台使用费、宽带费等。

变动成本是指在一定时期内随着业务量增减而按比例增减的成本。

$$利润 = 总收入 - 总成本$$

小贴士

在固定成本中，折旧是一种特殊的成本，是资产的损耗，它是固定资产因时间流逝不断贬值而产生的一种成本，设备、车辆、工具等都会发生折旧。它虽然不是企业的现金支出，但仍然是一种成本。

第二部分　实训操作

【实训主题】

根据推广预算和推广效果，为自己的店铺选择合理的营销推广方式。结合实际为自己的店铺做出合理的财务规划。

【实训目标】

进行店铺推广规划和财务规划。

【实训场景】

学生在导师的指导下完成"华丽女装"店铺推广规划和财务规划的各项任务。

【实训内容】

学生在实际商业环境中完成实景训练，了解不同类型推广分类的特点、财务规划的注意事项，掌握相关的操作流程。

【实训操作】

1. 店铺推广规划

登录 https://www.ningbochuangye.com/ 开始网络创业实训，登录自己的账号，输入自己的账号和密码，进入模拟商城（本部分以"华丽女装"店铺为例）。

制定店铺三个月的推广计划，完成表 5-1 的填写。

表 5-1　制定店铺三个月的推广计划

推广方式	具体方式	操作流程
免费推广	1.	
	2.	
	3.	
	4.	
预期成果：		
付费推广	付费模式	投入预算
	1.	
	2.	
	3.	
	4.	
预期成果：		

2. 店铺财务规划

登录 https://www.ningbochuangye.com/ 开始网络创业实训，登录自己的账号，输入自己的账号和密码，进入模拟商城（本部分以"华丽女装"店铺为例）。

制定店铺三个月的财务规划，完成表 5-2 ～表 5-7 的填写。

（1）店铺启动资金。规划店铺启动资金，见表 5-2。

表 5-2　店铺启动资金

类别	项目	第一个月 / 元	第二个月 / 元	第三个月 / 元
开办费用	工商、税务登记			
	电商平台注册 / 保证金			
	产品 / 品牌代理费用			
固定资产	车辆			
	计算机等设备			
	办公家具			
	办公室 / 厂房			
流动资金	采购产品或原材料			
	电商平台管理费用			
	电商平台推广费用			
	房租			
	物流费用			
	店铺装修 / 美工设计费用			
	人员工资			
	办公费用（网络、印刷、水电）			
	差旅费用			
合计				

（2）销售收入预测。销售收入预测见表 5-3。

表 5-3　销售收入预测

月份	访客数	转化率	客单价 / 元	总收入 / 元
第一个月				
第二个月				
第三个月				
总收入				

（3）计算总成本。

1）可变成本预测见表 5-4。

表 5-4　可变成本预测

项目	第一个月 / 元	第二个月 / 元	第三个月 / 元	合计 / 元
店铺推广费用				
物流费用				
采购成本				
合计				

说明：店铺推广费用按销售额的 10% 预估，物流费用按销售额的 3% 预估。

2）固定成本预测见表 5-5。

表 5-5　固定成本预测

项目	第一个月 / 元	第二个月 / 元	第三个月 / 元	合计 / 元
员工工资				
宽带费				
电话费				
水电费				
折旧				
店铺模板费				
电商平台费				
总计				

3）总成本估算见表 5-6。

表 5-6　总成本估算

项目	第一个月 / 元	第二个月 / 元	第三个月 / 元	合计 / 元
固定成本				
可变成本				
总成本				

4）利润估算见表 5-7。

表 5-7　利润估算

项目	第一个月 / 元	第二个月 / 元	第三个月 / 元	合计 / 元
销售总收入				
总成本				
税前利润				

【实训总结】

有效选择合适的推广方式，了解推广方式的合理性，对免费推广方式多加尝试，对付费推广方式要充分考虑成本预算，做到较好的投入产出比。

财务规划是电商创业者在创业过程中必须认真考虑的问题，很多电商创业者就是由于忽略对财务的有效规划而功败垂成。因此，电商创业者要对财务进行合理规划，做到规划合理、计算精确。

附　录

附录 1 教学课表

附表 1-1 宁波网络创业实训学员班课程表

时间	课时	教学单元	教学内容
	2	理论教学	破冰、导论
			第 1 课 电商平台规则
	2	模拟实训	第 2 课 模拟商城注册与上货
	2	理论教学	第 3 课 商品管理
	2	模拟实训	第 4 课 商品管理实训
	2	模拟实训	第 6 课 店铺装修——装修素材制作
	2	模拟实训	第 7 课 店铺装修——模拟商城装修
	2	理论教学	第 8 课 店铺管理
	2	模拟实训	第 9 课 客服实训与交易实训
	2	理论教学	第 10 课 店铺推广
	2	理论教学	第 11 课 店铺优化
	2	模拟实训	第 12 课 财务规划
	2	实训考核	第 13 课 完成网络创业实训店铺规划书

附录 2　店铺计划书

网络创业实训之店铺计划书

姓名：

企业（店铺）名称：

培训机构：

编写时间：

1. 实训成果		
	实训店铺用户名	（自动获取）
	实训店铺名称	（自动获取）
	实训店铺地址	（自动获取）
实训店铺成果	实训店铺商品上架呈现	截图
		商品选择思路：
	实训店铺装修呈现	截图
		店铺装修思路：

实训店铺商品描述呈现	截图
	商品描述制作思路：

2．第三方店铺定位

选择电商平台	
店铺类型	□ C2C　　□ B2B　　□ B2C
主营产品类型	
货源来源	□自有货源　　□线下进货　　□线上分销
客户群体定位（年龄、人群）	
产品价格定位	

3．店铺启动资金

类别	项目	第一月/元	第二月/元	第三月/元
开办费用	工商、税务登记			
	电商平台注册/保证金			
	产品/品牌代理费用			
固定资产	车辆购置			
	计算机等设备			
	办公家具			
	办公室/厂房			
流动资金	采购产品或原材料			
	电商平台管理费			
	电商平台推广费用			
	房租			
	物流费用			
	店铺装修/美工设计费用			
	人员工资			
	办公费用（网络、印刷、水电）			
	差旅费用			
合计				
融资渠道	资金渠道			
	金额			

店铺三个月发展计划

4．团队组建						
兼职	岗位	运营	美工		客服	其他
	人数					
	薪资					
	人数合计			薪资合计		
全职	岗位	运营	美工		客服	其他
	人数					
	薪资					
	人数合计			薪资合计		

团队建设思路：

5．店铺推广计划		
免费推广	1	推广途径：
		选择原因：
		预期效果：
	2	推广途径：
		选择原因：
		预期效果：
	3	推广途径：
		选择原因：
		预期效果：
付费推广	1	推广模式：○ CPC　　○ CPS　　○ CPM
		选择原因：
		预计投入：　　　　　　　　　预计产出：
	2	推广模式：○ CPC　　○ CPS　　○ CPM
		选择原因：
		预计投入：　　　　　　　　　预计产出：
	3	推广模式：○ CPC　　○ CPS　　○ CPM
		选择原因：
		预计投入：　　　　　　　　　预计产出：

6. 店铺财务计划

（1）销售收入预测。

月份	访客数	转化率	客单价／元	总收入／元
第一个月				
第二个月				
第三个月				
总收入				

（2）计算总成本。

1）可变成本预测。

项目	第一个月／元	第二个月／元	第三个月／元	合计／元
店铺推广费用				
物流费用				
采购成本				
合计				

说明：店铺推广费用按销售额的 10% 预估，物流费用按销售额的 3% 预估。

2）固定成本预测。

项目	第一个月／元	第二个月／元	第三个月／元	合计／元
员工工资				
宽带费				
电话费				
水电费				
折旧				
店铺模板费				
电商平台费				
总计				

3）总成本估算。

项目	第一个月／元	第二个月／元	第三个月／元	合计／元
固定成本				
可变成本				
总成本				

（3）利润估算。

项目	第一个月／元	第二个月／元	第三个月／元	合计／元
销售总收入				
总成本				
税前利润				

7. 风险预估

□政策和法律风险　　□平台规则风险　　□供应风险　　□财务风险

□人力风险　　□其他风险

风险应对策略：

备注：

1. 政策和法律风险：政策和法律是电商创业者的底线，电商创业者要及时关注相关法律及相关行业的政策、法规，只有在政策和法律支持的范围内开展电商企业运营才能持续发展。

2. 平台规则风险：平台规则是电商平台为保持其良性运行而制定的规则，对于违背平台规则的电商店铺，电商平台将对其处以扣分、降权、关店等处罚。电商创业者要充分认识、了解和利用平台规则，并遵守平台规则。

3. 供应风险：初创电商企业由于供应基础薄弱，对产品、物流等的掌控和了解程度比较低，缺乏话语权，因此很容易在经营过程中产生产品、服务、物流等方面的纠纷。

4. 财务风险：财务风险也就是盈利和亏损的不确定性，初创电商企业由于没有稳定的业务收入，且供应链缺乏稳定性，因此产品能否吸引客户并不确定。产品不受消费者喜爱、营销方式缺乏创新等都可能影响企业盈利，甚至导致企业亏损。所以，电商创业要充分考虑财务风险。

5. 人力风险：人力资源问题是电商企业发展过程中必须深入思考并加以解决的重要问题。企业面临的人力资源风险主要包括人力资源供给不足、劳动力成本大幅度上升和员工队伍不稳定三个方面。

6. 其他风险：除上述风险外，电商企业还可能面临支付风险、物流风险、交易安全风险、售后风险等。电商创业者要根据项目的类型和不同发展阶段有针对性地进行风险识别、分析与控制。

（选填）从产品规划、市场开拓、社会效益等方面阐述未来规划。

附录 3　店铺计划书评审标准

附表 3-1　店铺计划书评分标准

序号	考核项	评价标准	评分等级
1	实训成果	1. 完成店铺开设 2. 完成 5 件商品上架 3. 完成店铺装修	合格
	计划书	1. 各项必填要素填写完整 2. 内容逻辑符合基本要求 3. 填写态度端正	
2	实训成果	1. 未完成店铺开设 2. 上架商品不足 5 件 3. 店铺装修未完成	不合格
	计划书	1. 相关要素未填写完整 2. 内容逻辑不符合要求 3. 填写态度敷衍	

附录4 创业政策文件及要点摘录

1. 宁波市创业培训管理暂行办法

宁波市人力资源和社会保障局关于印发《宁波市创业培训管理暂行办法》的通知

（甬人社发〔2021〕12号）

各区县（市）人力社保局，"四区一岛"管委会人力社保部门，各有关单位：

现将《宁波市创业培训管理暂行办法》印发给你们，请遵照执行。

宁波市人力资源和社会保障局

2021年4月22日

宁波市创业培训管理暂行办法

第一章 总则

第一条 为贯彻落实《国务院关于进一步做好就业创业工作的意见》（国发〔2019〕28号）、人力资源社会保障部《关于实施职业技能提升行动创业培训"马兰花计划"的通知》（人力社保部函〔2020〕109号）和《浙江省人民政府办公厅关于进一步做好稳就业工作的实施意见》（浙政办发〔2020〕19号）等文件精神，加强创业培训，鼓励和促进劳动者自主创业，依据《宁波市人民政府办公厅关于进一步做好稳就业工作的实施意见》（甬政办发〔2020〕41号）等文件精神，结合我市创业培训工作实际，制定本办法。

第二条 创业培训是以"培训促创业，创业带就业"为目标，对有创业愿望和培训需求的人员开展有关创业知识和能力的培养，包括GYB培训、SYB培训、IYB培训、EYB培训、网络创业培训、创业（模拟）实训、创业者领导力提升、技能创业孵化能力提升、创业指导工作室建设和创业培训师资培养。

第三条 市人力社保局负责全市创业培训统筹规划与管理工作。市财政部门负责培训资金的预算和核拨工作，并对资金的使用进行监督和管理。各地人力社保部门负责辖区内创业培训工作的日常管理与服务工作，并负责建立内部监控制度和风险防范机制。

第四条 创业培训群体范围。创业培训要面向有创业意愿和培训需求的城乡各类劳动者。重点对贫困家庭子女、贫困劳动力、城乡未继续升学初高中毕业生（以下简称"两后生"）、各类职业院校（含技工院校，下同）学生、高校学生、离校2年内未就业高校毕业生、农村转移就业劳动者、返乡入乡创业人员、乡村创业致富带头人、下岗失业人员、转岗职工、小微企业主、个体工商户、就业困难人员（含残疾人）、退役军人、即将刑满释放人员等开展创业培训。

第二章 培训类型及要求

第五条 GYB培训即"产生你的企业想法"创业培训，是创业意识初始阶段培训，是为具有创业愿望，但尚未有具体创业项目构思的潜在创业者提供识别商机、评估创业素质、能力和条件、激发创业意识、论证并获得切实可行的创业项目的培训。培训结束时，学员应完成《创业评估书》成果提交。培训课程不少于24课时。

第六条 SYB培训即"创办你的企业"创业培训，是为有一定创业能力和条件的创业者提供开办小微企业基础知识和能力、帮助制定创业计划，衡量打算创办的企业是否可行、指导成功创办企业的培训。培训结束时，学员应完成《创业计划书》成果提交。培训课程不少于 56 课时。

第七条　IYB 培训即"改善你的企业"创业培训，是为初始创业 6 个月以上的创业者提供帮助建立基本的管理体系，进一步提高企业经营管理水平，改善企业并提高企业赢利能力的培训。培训结束时，学员应完成《行动计划书》成果提交。培训课程不少于 56 个课时。

第八条　EYB 培训即"扩大你的企业"创业培训，是为希望在扩大企业方面获得战略性建议和战略规划范围的增长型企业家提供培训。以实用的方式将企业战略管理的系统理论融会贯通于企业增长战略的制定与实施过程中，使培训对象在培训课程结束时能根据自己企业的实际情况制定出一套切实可行的企业增长战略，并以此指导企业增长战略的实施，实现企业扩大的目标。培训结束时，学员应完成《增长计划书》成果提交。培训课程不少于 48 个课时。

第九条　网络创业培训是为创业者进行互联网渠道创业的专业化指导和系统化训练，从而帮助创业者建立互联网创业思维，了解网络创业原理和创业流程，熟悉网络创业主流平台、模式特点及基本操作方法，提高网络创业能力。培训结束时，学员应完成《店铺计划书》成果提交。培训课程不少于 54 个课时。

第十条　创业（模拟）实训是为有一定创业能力和条件的劳动者提供创业实践训练，是通过模拟创业过程、建立虚拟公司将创业知识与计算机技术、信息网络相结合，以提升创业者的社会能力、经营能力和市场应变能力。培训结束时，学员应完成《实训计划书》成果提交。培训课程不少于 54 个课时。

第十一条　创业者领导力提升、技能创业孵化能力提升、创业指导工作室建设和创业师资培养等创业培训项目，以研修班形式，通过课堂教学、现场教学、案例教学、运营演练等教学方式，提供高级创业团队管理商战模拟、团队领导力开发、高端资源交流、高层次交流、创业咨询指导、师资教学能力提升等高端培训服务。

第十二条　GYB、SYB、IYB 培训方式采用互动式教学，讲师授课与平台训练相结合，辅以政策讲解、经验介绍、现场考察等形式。其中 GYB 线上课程不超过总学时 50%；SYB、IYB 线上课程不超过总学时 30%。

EYB 培训方式采用互动式教学，讲师授课和个人指导服务相结合。

网络创业培训、创业（模拟）实训培训方式依托宁波市网络创业培训平台系统，通过集中授课、操作实训和运营演练相结合的形式进行教学，其中线上课程不超过总课时 50%。

第三章　实施机构

第十三条　创业培训实施机构是日常开展创业培训的实体机构，实行申报备案制。

第十四条　凡具备培训条件、愿意承担创业培训工作的职业培训机构、就业创业培训（实训）中心、各类职业院校、高校、技能创业孵化基地、众创空间等实体，均可申报备案成为创业培训机构。新增创业培训机构原则上先开展 GYB 和 SYB 培训项目。

创业培训机构应当具备以下基本条件：

（一）具有独立法人资格。

（二）具有满足创业培训教学要求的标准化教室、电脑及相应培训软件等设施设备。

（三）有 2 名及以上取得相应培训项目的专职创业讲师和 3 名及以上取得相应培训项目的兼职创业讲师。

（四）各项培训规章制度健全，创业培训相关技术标准规范（含课程内容、课时安排、创业计划书编制等）。

第十五条　创业培训机构由当地人力社保部门负责备案。符合条件的机构可向当地人力社保部门提出申请，提交《宁波市创业培训机构备案表》并录入全市统一指定平台，经备案后开展创业培训。

第十六条　创业培训机构的主要职责：

（一）项目推介，通过各类媒介、新媒体平台及线下活动，宣传就业创业政策，推介课程服务产品；

（二）品牌宣传，通过张贴宣传画、发放宣传册及宣传品等形式，宣传项目品牌；

（三）计划制定，根据计划合理做好课程推介、报名通知、学员组织、师资协调、资金安排等；

（四）学员选择，组织讲师根据学员创业情况及培训意愿，按照条件要求和标准流程，帮助学员选择适合的课程；

（五）培训需求分析，应对学员信息进行分析和简短面试，了解其知识能力水平、培训意愿及特殊需求；

（六）培训组织，应严格按照各课程技术要点做好开班筹备、跟班服务、结业组织、台账登记、信息提交、创业成果提交等工作；

（七）后续服务，应组织讲师对学员创业或企业经营情况进行定期跟踪回访和后续指导；

（八）监督评估，应运用监督评估工具，收集全过程数据，分析培训活动信息。

第十六条 宁波市高技能人才公共实训基地（创业类）和宁波市技能创业孵化平台负责全市创业培训规划及年度计划编制，牵头开展各类创业培训课程建设，提供创业培训技术管理平台开发和保障服务，开发推广各类创业培训（实训）项目，配合做好创业培训质量管理等工作；承担全市高校及职业院校学生创业培训（网络创业）工作；承担全市创业者领导力提升、技能创业孵化提升、创业指导建设和创业师资培养等示范性培训项目；承担全市技能创业孵化基地的业务指导和日常服务工作。

第四章 师资管理

第十八条 创业讲师是指参加创业讲师培训取得市人力社保局核发、人力社保部统一监制《创业培训讲师培训证书》的人员，主要承担学员培训授课任务及其他创业培训工作。

第十九条 创业培训讲师实行执证聘任制度，由市人力社保局建立创业师资库，各创业培训实施机构按规定条件聘用任课教师。

第二十条 有丰富经验的创业培训师资、创业指导（咨询）师、企业家、投资人等将优先纳入创业师资库。鼓励优秀创业培训师资建立创业指导工作室，重点负责创业培训的后续指导服务，使创业培训与创业服务有效衔接，提高创业成功率。

第二十一条 各级人力社保部门应每年安排专项资金，制定长期师资培养计划，定期组织各类创业师资培训，并通过提高培训、研讨交流、教学观摩、创业讲师业务竞赛和质量考核等活动，提升创业培训师资培训指导能力。

第五章 培训管理

第二十二条 创业培训按《宁波市职业技能培训条例》规定实行办班申报制度。创业培训实施机构应于开班前3个工作日内通过全市统一经办系统向当地人力社保部门进行开班申报。

第二十三条 创业培训实施机构应按照创业培训教学方案和课程计划要求，探索"互联网＋创业培训"，组织实施线上学习与线下培训相融合的培训模式。依托《创业培训标准（试行）》（中就培发〔2018〕2号），线上教学培训需在宁波市技能人才继续教育网等线上教学平台完成统一课时，使用统一的创业培训教材，严格按规定课时培训。所有创业培训课程均需包含创业实训环节，在全市指定平台进行成果提交。提升实际操作能力，提高创业成果成功率和转化率。

第二十四条 创业培训机构要对学员创业或企业经营情况进行定期跟踪回访和后续指导，并针对创业担保贷款、创业孵化等各类创业资源提供服务，服务过程要记录在案，留存入档。

第二十五条 创业培训机构要建立健全档案管理制度，建立培训台账，记录学员的基本情况、参加培训信息以及后续服务等信息。每期培训班的台账保存期限不少于3年。

第二十六条 各级人力社保部门要依托《创业培训标准（试行）》，完善创业培训质量监控和效果评估体系。利用大数据、区块链等技术，完善创业培训管理工作，加强创业培训信息化平台建设，做好创业培训日常管理、过程监督、培训考核、证书管理、效果评估、资金管理等一体化动态管理服务，实现培训机构全覆盖、培训人员全实名、培训资金全记录、培训过程可追溯、培训质量可监控。

第二十七条　创业培训机构应严格按照创业培训要求组织创业培训，对擅自将培训任务委托、转包给其他单位和个人的，以及弄虚作假骗取创业培训补助资金的，取消培训资质，并依法追究责任。

第六章　培训考核督导

第二十八条　建立创业培训考核督导员制度。由市人社局负责对全市创业培训考核督导员进行培训和发证，开展创业培训考核过程由督导员进行监督。

第二十九条　创业培训结束后，培训学员在全市统一指定平台进行创业成果提交。

第三十条　创业成果提交后，余姚、慈溪、宁海、象山人力社保部门负责对培训学员进行考核发证。非上述地区人力社保部门负责对辖区内培训学员组织考核，报市人社局审批发证。采用单科综合性无纸化考试，成绩达60分者为合格，考试合格学员颁发《创业培训合格证书》。

第三十一条　《创业培训合格证书》由人力社保部统一监制、各级人力社保部门核发。相关编码及信息要求如下：

（一）证书编码。第1～2位为本省行政区划代码，第3～6位为市（区县）行政代码，第7～14位为顺序号。

（二）证书信息。证书信息包含：考生姓名、培训时间、创业项目全称、身份证号码、证书编号、培训机构、证书签发日期，并加盖相应人力社保部门证书专用章。

第七章　培训补贴

第三十二条　符合我市创业培训补贴条件的对象，按有关规定申报创业培训补贴。

第三十三条　补贴对象、方式、项目及标准。补贴对象及方式按宁波市职业技能培训补贴实施细则文件执行；补贴项目及标准按市人力社保局根据市场需求、人才紧缺程度和培训成本，并会同市财政部门确定创业项目及培训补贴标准，分发年度补贴目录和补贴标准。

第八章　附则

第三十四条　本办法自发布之日起执行。本办法有效期五年，至2025年12月31日，有效期内如与国家和上级有关部门政策调整相抵触，按国家和上级政策规定执行。

2．国务院关于进一步做好稳就业工作的意见

国务院关于进一步做好稳就业工作的意见

国发〔2019〕28号

要点摘录：

五、大规模开展职业技能培训

（十四）大力推进职业技能提升行动。落实完善职业技能提升行动政策措施，按规定给予职业培训补贴和生活费补贴。针对不同对象开展精准培训，全面开展企业职工技能提升培训或转岗转业培训，组织失业人员参加技能培训或创业培训，实施农民工、高校毕业生、退役军人、建档立卡贫困人口、残疾人等重点群体专项培训计划。支持职业院校（含技工院校）积极承担相应培训任务。

八、加强组织保障

（二十三）完善资金投入保障机制。积极投入就业补助资金，统筹用好失业保险基金、工业企业结构调整专项奖补资金等，用于企业稳定岗位、鼓励就业创业、保障基本生活等稳就业支出。有条件的地方可设立就业风险储备金，用于应对突发性、规模性失业风险。

3．国务院关于推行终身职业技能培训制度的意见

国务院关于推行终身职业技能培训制度的意见

国发〔2018〕11 号

要点摘录：

二、构建终身职业技能培训体系

（八）大力推进创业创新培训。组织有创业意愿和培训需求的人员参加创业创新培训。以高等学校和职业院校毕业生、科技人员、留学回国人员、退役军人、农村转移就业和返乡下乡创业人员、失业人员和转岗职工等群体为重点，依托高等学校、职业院校、职业培训机构、创业培训（实训）中心、创业孵化基地、众创空间、网络平台等，开展创业意识教育、创新素质培养、创业项目指导、开业指导、企业经营管理等培训，提升创业创新能力。健全以政策支持、项目评定、孵化实训、科技金融、创业服务为主要内容的创业创新支持体系，将高等学校、职业院校学生在校期间开展的"试创业"实践活动纳入政策支持范围。发挥技能大师工作室、劳模和职工创新工作室作用，开展集智创新、技术攻关、技能研修、技艺传承等群众性技术创新活动，做好创新成果总结命名推广工作，加大对劳动者创业创新的扶持力度（人力资源社会保障部、教育部、科技部、工业和信息化部、住房城乡建设部、农业农村部、退役军人事务部、国务院国资委、国务院扶贫办、全国总工会、共青团中央、全国妇联、中国残联等按职责分工负责）。

4．国务院办公厅关于支持农民工等人员返乡创业的意见

国务院办公厅关于支持农民工等人员返乡创业的意见

国办发〔2015〕47 号

要点摘录：

三、健全基础设施和创业服务体系

（十）强化返乡农民工等人员创业培训工作。紧密结合返乡农民工等人员创业特点、需求和地域经济特色，编制实施专项培训计划，整合现有培训资源，开发有针对性的培训项目，加强创业师资队伍建设，采取培训机构面授、远程网络互动等方式有效开展创业培训，扩大培训覆盖范围，提高培训的可获得性，并按规定给予创业培训补贴。建立健全创业辅导制度，加强创业导师队伍建设，从有经验和行业资源的成功企业家、职业经理人、电商辅导员、天使投资人、返乡创业带头人当中选拔一批创业导师，为返乡创业农民工等人员提供创业辅导。支持返乡创业培训实习基地建设，动员知名乡镇企业、农产品加工企业、休闲农业企业和专业市场等为返乡创业人员提供创业见习、实习和实训服务，加强输出地与东部地区对口协作，组织返乡创业农民工等人员定期到东部企业实习，为其学习和增强管理经验提供支持。发挥好驻贫困村"第一书记"和驻村工作队作用，帮助开展返乡农民工教育培训，做好贫困乡村创业致富带头人培训。

5.国务院扶贫办人力资源社会保障部关于加强贫困村创业致富带头人培训工作的通知

国务院扶贫办人力资源社会保障部关于加强贫困村创业致富带头人培训工作的通知

国开办发〔2019〕19号

要点摘录:

二、完善培训模式

(三)科学设置培训内容。结合当地脱贫攻坚任务、扶贫产业布局和致富带头人项目实际,科学构建多层次、模块化的创业培训课程体系。根据致富带头人不同创业阶段的特点和需求,有针对性地组织培训。对准备创业人员开展创业意识培训,帮助选择创业项目,培养企业家精神;对创业初期人员开展创办企业培训,提升市场评估、资金预测、风险防范、创业计划等能力;对创业成功人员,重点开展改善企业培训,系统建立企业管理体系,提升企业稳定率和竞争力。在此基础上,对于发展良好的企业开展扩大企业培训,指导企业实现品牌发展和战略增长。对于有意愿和条件的致富带头人,可开展农村电商创业培训。开展创业培训同时,应注重加强脱贫攻坚政策、带贫责任意识培训。

(四)创新创业培训模式。开展致富带头人创业培训过程中,应有效利用各类创业培训资源,积极采取互动式教学方式,辅以创业实训、观摩游学、创业指导等,探索创业培训与技能培训、村域产业相结合的培训模式。有条件的地区,可利用互联网平台,开展微课、慕课、翻转课堂等"互联网+"创业培训模式。

三、精心组织培训

(五)选优创业培训机构。充分发挥高职院校、中职学校、技工院校、农民(干部)学院、科研院所、产业基地、创业孵化园、就业训练中心、职业培训基地、职业培训机构等培训资源多样化优势,依托具备条件的培训机构,为致富带头人提供切实有效的系统化培训。各省(区、市)要建设一批贫困村创业致富带头人实训基地。已认定的国家级贫困村创业致富带头人实训基地,扶贫部门要按照属地管理原则加强管理,确保规范运行,切实发挥示范效应。

(六)发挥优势资源作用。充分发挥人力资源社会保障部"马兰花中国创业培训项目"作用,针对致富带头人特点需求,合理利用已有课程、教材、师资、培训机构等资源,开展"创办你的企业"、网络(电商)创业、返乡下乡创业等课程培训。依托东西部扶贫协作、中央单位定点扶贫以及"万企帮万村"行动,开展致富带头人培训。应严格按照技术标准和培训周期,做好课程学员匹配、培训需求分析、教学组织实施、后续指导服务、培训监督评估。

(七)加强师资队伍建设。扶贫部门可从省级及以上脱贫攻坚奖获得者、创业带贫效果显著的致富带头人,以及具有培训指导能力和成功帮扶经验的专家、企业家、高校教授中,选择有志于扶贫事业的人员作为创业培训师资。人力资源社会保障部门可与当地扶贫部门协作,开展创业师资培训,并按规定给予职业培训补贴,培养一支服务于致富带头人创业培训指导的师资队伍。选派教学能力强、乡村创业培训经验丰富的师资承担培训任务。建立创业师资库,完善登记、考核、进出机制。强化创业培训师资工作成效跟踪考评、能力水平考核和学员满意度评价。通过组织培训、研讨交流、观摩竞赛等多种方式提升师资业务素质和能力水平。

(八)加强监督评估及跟踪服务。完善致富带头人创业培训质量监控和效果评估体系。通过信息化管理平台建设,强化培训档案管理、培训流程监督、培训效果评估、培训资金管理等工作。建立致富带头人培训信息档案,及时在全国扶贫开发信息系统中同步更新。建立创业跟踪系统,收集分析致富带头人反馈信息。强化致富带头人创业培训与后续服务的有效衔接。充分依托人力资源社会保障部门公共创业服务机构平台,为致富带头人提供开业指导、创业孵化、创业担保贷款等创业服务。

6. 人力资源社会保障部等九部门关于实施大学生创业引领计划的通知

人力资源社会保障部等九部门关于实施大学生创业引领计划的通知

人社部发〔2014〕38 号

要点摘录：

二、政策措施

（一）普及创业教育

各级教育部门要加强对高校创业教育工作的指导和管理，推动高校普及创业教育，实现创业教育科学化、制度化、规范化。各高校要将创业教育融入人才培养体系，贯穿人才培养全过程，面向全体学生广泛、系统开展；积极开发开设创新创业类课程，并纳入学分管理；不断丰富创业教育形式，开展灵活多样的创业实践活动；切实加强师资队伍建设，为普及创业教育提供有力支持。

（二）加强创业培训

各级人社部门要加强与教育部门和高校的衔接，以有创业愿望的大学生为重点，编制专项培训计划，优先安排培训资源，切实抓好组织实施，使每一个有创业愿望和培训需求的大学生都有机会获得创业培训。要鼓励支持有条件的高校、教育培训机构、创业服务企业、行业协会、群团组织等开发适合大学生的创业培训项目，经过评审认定后，纳入创业培训计划，提高创业培训的针对性和有效性。要切实加强创业培训师资队伍建设，创新培训方式，积极推行创业模块培训、创业案例教学和创业实务训练，抓好质量监督，不断提升大学生创业能力。要会同相关部门进一步完善和落实创业培训补贴政策，健全并加强培训补贴资金管理，对符合条件的参训大学生按规定给予培训补贴。

7. 人力资源社会保障部办公厅关于推进技工院校学生创业创新工作的通知

人力资源社会保障部办公厅关于推进技工院校学生创业创新工作的通知

人社厅发〔2018〕138 号

要点摘录：

二、主要任务

（一）普及创业创新教育。各地要加强技工教育创业创新课程体系建设，将创业创新课程纳入技工院校教学计划。支持技工院校将创业创新意识教育课程与公共课程相结合，将创业创新实践课程与专业课程相结合。鼓励技工院校开设创业创新意识教育课程和市场开发、企业管理等创业创新实践课程，根据课程设置和教学实际情况，开发技工院校创业创新课程教材。注重在校园营造创业创新良好氛围，举办创业创新讲座和论坛，邀请成功创业者特别是创业成功校友传授创业经验。要依托技能大师工作室、创业工坊等，组织开展多种形式的创业创新主题活动。

（二）加强创业培训。各地要建立健全技工院校创业培训体系，根据技工院校学生自身特点、实际需求和具备的职业技能水平，依托技工院校、职业培训机构、创业培训（实训）中心、企业培训中心、创业孵化基地、众创空间、网络平台等实体开展各类创业培训。鼓励技工院校引进或开发创业培训课程，支持技工院校组织开展马兰花中国创业培训示范项目。加强创业培训师资配备，切实提高学生创业能力。鼓励有条件的技工院校开设毕业学期创业培训实验班，帮助应届毕业生投身创业。

8. 人力资源社会保障部关于实施职业技能提升行动创业培训"马兰花计划"的通知

人力资源社会保障部关于实施职业技能提升行动创业培训"马兰花计划"的通知

人社部函〔2020〕109 号

要点摘录：

二、工作目标

实施"马兰花计划"，健全并完善政府引导、社会参与、创业者自主选择的创业培训工作机制。创业培训机构突破 5000 家，并结合高技能人才培训基地建设，发展一批更高水平、更具影响力的创业培训示范基地。培育一支覆盖各类培训课程的创业培训师资队伍，力争年培训量不低于 8 000 人，参照技能大师工作室做法，支持优秀创业培训师资等成立创业指导工作室。扩大创业培训规模，提升创业培训质量，2021 年培训量不低于 200 万人次，力争年培训量逐年有所提高。

三、工作措施

（一）明确创业培训内容。针对不同的创业阶段有针对性地开展创业培训。准备创业和创业初期的人员可参加创业意识、创办企业、网络创业、创业（模拟）实训等培训课程，提升项目选择、市场评估、资金预测、创业计划等能力；已经成功创业的人员可参加改善企业和扩大企业的培训课程，健全管理体系，制定发展战略，抵御外部风险，稳定企业经营，扩大就业岗位。

（二）扩大创业培训群体范围。创业培训要面向有创业意愿和培训需求的城乡各类劳动者。重点对贫困家庭子女、贫困劳动力、城乡未继续升学初高中毕业生（以下简称"两后生"）、各类职业院校（含技工院校，下同）学生、高校学生、离校 2 年内未就业高校毕业生、农村转移就业劳动者、返乡入乡创业人员、乡村创业致富带头人、下岗失业人员、转岗职工、小微企业主、个体工商户、就业困难人员（含残疾人）、退役军人、即将刑满释放人员等开展创业培训。

（三）促进技能与创业创新结合。推动职业院校创业创新培训，将创业创新课程纳入教学计划，使有创业意愿和培训需求的学生都有机会参加创业创新培训。依托技能大师工作室等开展多种形式的创业创新活动，将学生在校期间开展的"试创业"实践活动纳入政策支持范围。依托各地创业培训师资培训计划，加速职业院校创业培训师资培养。

（四）完善创业培训资源建设。依托《创业培训标准（试行）》，开发适用于不同创业群体、不同创业阶段的创业培训课程和教材，构建创业培训课程库和案例库。完善灵活多样的培训模式，积极采取小班互动式教学，辅以创业实训、观摩游学、创业指导等。探索"互联网＋创业培训"，有条件的地区可按照有关要求规范试点翻转课堂等线上学习与线下培训相融合的培训模式。加强网络创业培训技术平台的课程设置、教学管理和后续服务等功能建设。

（五）促进创业培训机构发展。加强创业培训机构规范管理，指导创业培训机构严格按照《创业培训标准（试行）》开展创业培训，强化培训效果评估和培训后续服务。广泛发动更多优势资源参与创业培训，支持符合条件的职业培训机构、就业创业培训（实训）中心、各类职业院校、高校、创业孵化基地、众创空间等实体开展创业培训。鼓励培训机构将培训服务"送上门"，为各类职业院校、高校、企业等机构组织提供培训课程、师资等创业培训优质资源。

（六）加强创业培训师资队伍建设。各地要进一步加强创业培训师资管理，完善进出、考评和激励机制。建立创业培训师资库，实现创业培训师资动态管理。制定长期师资培养计划，定期组织各类创业培训师资培训，并通过提高培训、研讨交流、教学观摩、讲师大赛等活动，提升创业培训师资培训指导能力。鼓励有条件的地区根据创业培训师资培训需求，探索创新市场化师资培训模式。持续组织"马兰花全国创业培训讲师大赛"，以赛促培训，以赛促交流，以赛促提高。

（七）完善创业培训质量监控体系。依托《创业培训标准（试行）》，完善创业培训质量监控和效果评估体系。利用大数据、区块链等技术，完善创业培训管理工作，加强创业培训信息化平台建设，做好创业培训日常管理、过程监督、培训考核、证书管理、效果评估、资金管理等一体化管理服务，实现培训机构全覆盖、培训人员全实名、培训资金全记录、培训过程可追溯、培训质量可监控。

（八）强化创业培训后续服务。加强创业培训与创业服务的有效衔接和统筹推进。依托人力资源社会保障部门公共创业服务机构，为参加培训的创业者提供开业指导、创业担保贷款、创业孵化、创业见习、企业咨询等服务，推动开展线上创业服务。吸纳创业培训师资、创业指导师、企业家、投资人等建立创业导师库，有条件的地区可结合本地实际，探索支持优秀创业导师成立工作室。

（九）推动创业培训助力脱贫致富。各地要加强对贫困地区、农村地区、边远地区的创业培训指导。结合乡村创业特点和培训需求，开发创业培训指导课程。加强贫困地区创业培训师资队伍和创业导师队伍建设。挖掘宣传返乡入乡人员、乡村创业致富带头人和扶贫创业培训师资的典型事迹。

9. 马兰花创业培训项目介绍

马兰花创业培训项目介绍

马兰花创业培训项目（以下简称项目）是人力资源社会保障部门面向有创业意愿和培训需求的城乡各类劳动者开展的示范性创业培训，通过激发创业意识、提高创业能力、稳定企业经营，为劳动者提供创业培训和指导。

一、项目背景

21 世纪初，为应对经济体制改革带来的就业压力，原劳动保障部与国际劳工组织合作实施"创办和改善你的企业（SIYB）中国项目"，引进 SIYB 课程体系和管理技术，对下岗失业人员等就业重点群体开展创业培训。同时，国家出台积极就业政策，探索补贴培训与小额担保贷款相结合，并逐步建立政策扶持、创业培训和创业服务"三位一体"的工作模式，为我国推动创业促就业工作奠定坚实基础。

二、项目特点

（一）管理体系基础实。项目依托人力资源社会保障系统建立了部、省、市、培训机构四级管理体制。部职业能力建设司负责政策制定及工作推动；中国就业培训技术指导中心负责组织实施、技术开发及队伍建设等；省、市级创业培训主管部门负责日常管理及监督评估等；培训机构负责培训组织和后续服务。目前，全国有创业培训机构 4000 余家。

（二）补贴政策有渠道。项目主要依托人力资源社会保障系统，面向就业困难人员等就业重点群体开展补贴性创业培训。补贴资金渠道主要通过就业补助资金或职业技能提升行动专账资金。

（三）课程体系较完善。项目以国际劳工组织 SIYB 课程为基础，覆盖创业全过程，包括初创阶段的创业意识（GYB）课程和创办企业（SYB）课程，已创业阶段的改善企业（IYB）课程和扩大企业（EYB）课程。项目自主开发网络创业培训课程，帮助创业者在网上开店创业。项目通过课程库逐步开发和吸收适用于不同群体和业态的课程体系。

（四）师资队伍建设强。项目累计培养师资 6 万余人，覆盖所有省、自治区、直辖市，并培养蒙、维、藏语师资服务边远地区。这些师资包括创业培训服务机构人员、高校师资、创业专家、企业家等。为加强师资能力提升，人力资源社会保障部每两年组织一届"马兰花全国创业培训讲师大赛"。

（五）带动就业效果好。项目通过小班互动式教学，实现较高的学员满意度、创业成功率和企业稳定率，就业带动效果凸显，成为各级人力资源社会保障部门推动"双创"稳就业，助力脱贫攻坚，促进职业能力提升的重要抓手。

10．关于印发《网络创业培训技术要点》的通知

关于印发《网络创业培训技术要点》的通知

中就培发〔2021〕2 号

要点摘录：

第二章　学员培训技术要点

第三条　学员培训周期包括项目推介、学员选择、培训需求分析、实施培训、后续服务及培训监督与评估。

网络创业培训学员培训周期

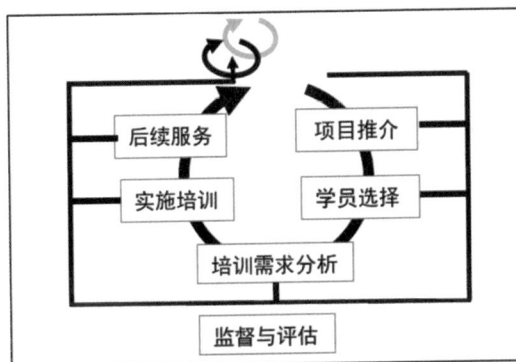

第四条　学员培训周期第一步：项目推介，指各级创业培训主管部门和培训机构通过各类宣传媒介平台及宣传推介活动，向潜在学员推介马兰花中国创业培训项目（以下简称马兰花创业培训）及网络创业培训课程的过程。

第五条　学员培训周期第二步：学员选择，指培训机构和讲师根据学员创业方向和培训意愿，利用标准工具，按照条件要求和标准流程，帮助学员选择适合的网络创业培训课程的过程。学员选择是保障培训效果的重要前提。

学员参加网络创业培训的条件

1．具备基本的读写计算能力；具备计算机和网络基础知识及操作能力（有条件的地区可以组织计算机操作培训）；

2．有创业动机；有依托互联网创业的具体可行的项目；或希望已经创办的企业互联网化等；

3．全程参与培训的时间保障。

第六条　学员培训周期第三步：培训需求分析，指讲师和培训机构根据学员填写的主表和附表3，了解学员资源条件、培训预期和需求的过程。有条件的地区可由讲师和培训机构对学员组织面试，通过设计简短的《培训需求分析问卷》，进一步了解学员培训需求。培训需求分析是授课讲师有针对性地设计和实施教学计划，培训机构提高保障服务满意度的重要保证。

第七条　学员培训周期第四步：实施培训，指培训机构和授课讲师组织学员培训班的过程。

（一）学员人数

网络创业培训采取小班互动式教学。为确保培训质量，每班25人为宜，最多不超过30人。

（二）授课讲师

每期学员班由2名讲师共同授课。授课讲师应持有对应课程的《网络创业培训讲师培训合格证书》。根据创业培训讲师管理办法，授课讲师应由当地创业培训主管部门派遣或接受培训机构邀请承担授课学员培训任务。授课讲师完成培训任务可领取课酬。课酬标准参考培训机构所在地的有关规定及市场标准。

（三）课时要求

为确保培训质量，网络创业培训采取集中授课，原则上不少于7天，56课时。

（四）场地设备及教材教具

网创培训场地面积要足以实现移动桌椅呈"U型"或"岛型"摆放，便于授课讲师教学互动。每名学员应配备一台电脑（统一配备或学员自带）；统一使用各地自行选用的网络创业培训学员培训教学辅助平台，每人配套一本《网络创业培训教学辅助平台实践操作手册》；配备优质网络资源（建议不低于100兆带宽独享）。培训前，培训机构和授课讲师应对设备、网络环境进行测试。培训机构应参照《网络创业培训学员培训教材教具设备清单》做好相应准备，统一征订正版教材，确保学员每人一套学员教材。

（五）培训考核

网络创业培训时严禁迟到早退、无故旷课。无故旷课或请假超过2次（一次请假不能超过4课时），学员将不能参加考核。网络创业培训以建立系统的创业思维和提升创业能力为目标，主要考查学员《网络创业规划书》和实践成果。当地创业培训主管部门应组织非授课讲师对实践成果进行评分，对《网络创业规划书》进行审核。实践成果评分合格且完成《网络创业规划书》，方可获得《网络创业培训合格证书》。如实践成果不合格或未能完成《网络创业规划书》，授课讲师应再次跟踪辅导。

（六）证书核发

培训结束后，培训机构应向当地创业培训主管部门申请《网络创业培训合格证书》，确保证书及时发放。

（七）资料报送

培训结束后，培训机构和授课讲师应及时做好资料登记、整理工作，并按照当地创业培训主管部门要求报送本次培训班相关信息及材料。鼓励各地通过创业培训管理平台或网络创业培训教学辅助平台管理功能，实现培训资料收集和监督评估一体化管理。

第八条　学员培训周期第五步：后续服务，指为增强培训效果，培训机构及讲师在培训结束后开展的后续跟踪及指导服务，包括对学员创业或企业经营情况定期跟踪回访，提供咨询指导，对接创业贷款、创业孵化等各类创业服务资源等。

第九条　学员培训周期第六步：监督与评估，指利用监督评估工具表单全程收集、分析学员培训活动信息，并在此基础上对培训进展情况、培训效果、学员满意度等进行评估的过程。监督与评估可以不断促进培训项目完善优化和持续发展。

第五章　网络创业培训教学辅助平台服务技术要点

第二十二条　网络创业培训教学辅助平台（以下简称教学辅助平台）分为讲师培训教学辅助平台和学员培训教学辅助平台；讲师培训教学辅助平台由部中心统一开发提供；学员培训教学辅助平台由各地创业培训主管部门根据技术要点自主选择引进或自主开发。

第二十三条　学员培训教学辅助平台是为加强教学监督评估，降低学员在真实平台的实践风险，确保学员在规定学时内高效完成培训及创业实践任务的模拟实操平台。

第二十四条　学员培训教学辅助平台应包括但不限于模拟训练、培训考核、培训管理、后续服务四个功能。在确保支持电脑端使用的基础上，鼓励实现移动端应用。

（一）模拟训练功能

模拟训练功能包括模拟商城和模拟供销系统，满足网络创业培训线上实操教学需求。模拟商城为学员模拟真实电商创业环境，支持学员练习店铺注册、商品管理、交易管理、店铺管理、促销管理、客服管理等操作要点；模拟供销系统支持产品一键上架、订单抓取、库存同步及发货、退换货等功能，并与模拟商城实现数据交互。模拟训练帮助学员熟悉电商实操流程，避免因不熟悉真实电商平台规则而出现的各种处罚等风险。

鼓励有条件的地区或平台开发模拟直播电商功能，满足学员直播电商创业需求。模拟直播电商应实现模拟店铺直播间实时商品发布、管理、交易，及留言、点赞等功能，并与模拟商城数据账号联通。根据网络创业发展趋势及网络创业培训学员需求，可探索拓展模拟训练功能，提升培训效果。

（二）培训考核功能

培训考核功能主要帮助培训机构和讲师完成培训考勤和结果考核，包括出勤考核、课堂表现考核和培训结果考核。支持学员在线提交实践成果、《网络创业规划书》，评分讲师在线评审打分，学员打印《网络创业规划书》等功能。

鼓励有条件的地区探索线上线下融合的网络创业培训，并通过平台实现实名认证、人脸识别核验、电子签名等出勤考核功能。

（三）培训管理功能

培训管理功能主要帮助创业培训主管部门完成培训监督和效果评估，包括学员信息录入（或导入）、开班申请、监督评估工具表单提交、材料报送、后续跟踪、统计分析等。

鼓励有条件的地区探索线上线下融合的网络创业培训，通过平台实现音（视）频监控及禁止切屏，考核成绩按班级、区域、时间、机构等实时统计分析，电子证书生成、发放、查询等功能，并与当地实名验证系统、已有创业（职业）培训管理信息系统、部中心创业培训技术服务管理平台互联互通、数据共享。

（四）后续服务功能

后续服务功能包括在线学习、资源对接等功能，满足学员和讲师的能力提升需求。在线学习可结合网络创业培训课程内容，持续补充提供更多教学资源；资源对接可展示融资、孵化、咨询、指导等服务资源信息，帮助学员高效匹配所需服务。

鼓励有条件的地区或平台可探索开发融合创业培训及后续服务的综合门户，实现一站式服务。开发后续服务的监督评估功能，实现后续服务过程可记录、可统计，为创业培训主管部门、培训机构及创业指导工作室开展后续服务提供数据支撑。

第二十五条　有条件的地区可依据《马兰花创业培训线上线下融合的技术指引（2020 版）》探索线上线下融合的网络创业培训学员培训，可将教学辅助平台与线上线下融合的教学服务管理平台功能相融合。在原有功能基础上，增加教学服务功能，支持线上点播教学、直播教学、在线互动、随堂练习以及线上学习签到、过程记录、学员学情统计分析等功能；支持点播教学限时答题、弹幕、留言；支持直播教学的线上互动、分组讨论、在线答疑、直播回放等功能。

附录 5　大学生职称评定政策文件及要点摘录

1. 关于做好 2018 年宁波市职称初定工作的通知

关于做好 2018 年宁波市职称初定工作的通知

甬人社办发〔2018〕22 号

要点摘录：

（1）对象范围。全日制毕业生和成人教育毕业生，在我市（不含部省属在甬单位），并在所学专业或相近专业技术岗位上工作满一定年限，经考核合格，可申请初定相应职称。

条件要求：

1．中等专业学校毕业后，从事专业工作满 1 年的人员，可初定员级职称。

2．大学专科毕业后，从事专业工作满 1 年的人员，可初定员级职称。

3．大学专科毕业后，从事专业工作满 3 年的人员，可初定助理级职称。

4．大学本科毕业后，从事专业工作满 1 年的人员，可初定助理级职称。

5．取得第二学士学位或研究生班毕业人员，具有研究生学历或硕士学位者，可初定助理级职称。

6．具有研究生学历或硕士学位者，从事专业工作满 3 年（学历或学位取得前后从事本专业或相近专业的工作年限可以相加，但学历或学位取得后从事专业工作须满 1 年），可初定中级职称。

7．博士学位获得者，可初定中级职称。

申报网站：浙江省专业技术职务任职资格申报与评审管理服务平台（zcps.rlsbt.zj.gov.cn）。

2．关于印发《宁波市专业技术人员继续教育学时管理办法（试行）》的通知

关于印发《宁波市专业技术人员继续教育学时管理办法（试行）》的通知

甬人社发〔2017〕45 号

要点摘录：

第十一条　市人力社保部门建立"宁波市专业技术人员继续教育网"（http://nbzj.chinahrt.com/index.html），为一般公需科目提供在线学习。

第十四条　专业技术人员参加继续教育学习每年度累计不得少于 90 学时，其中专业科目不少于 60 学时，公需科目不少于 18 学时（其中一般公需科目不少于 12 学时）。

第十七条　市人力社保部门建立"宁波市专业技术人员继续教育学时登记管理系统"（http://xsgl.rcpx.net/），为全市继续教育提供学时登记平台。宁波市继续教育院负责市登记系统的日常管理。

第二十二条　继续教育学时要求是专业技术职称任职资格申报的必备条件。专业技术人员符合继续教育学时要求的年份达到职称申报规定年限，且申报当年及最近一年连续两年（当年申报时间在上半年的，连续两年时间可调整为最近两年）均符合继续教育学时要求的，才能申报职称任职资格；未达到要求的，职称任职资格申报时间作相应延长。

参考文献

—— References ■ ■ ■

[1] [瑞士]亚历山大·奥斯特瓦德,[比利时]伊夫·皮尼厄,[瑞士]格雷格·贝尔纳达,等. 价值主张设计:如何构建商业模式最重要的环节[M]. 余锋,曾建新,李芳芳,译. 北京:机械工业出版社,2015.

[2] [美]蒂莫西·克拉克,[瑞士]亚历山大·奥斯特瓦德,[比利时]伊夫·皮尼厄. 商业模式新生代:一张画布重塑你的职业生涯(个人篇)[M]. 毕崇毅,译. 北京:机械工业出版社,2012.

[3] 人力资源和社会保障部职业能力建设司. 创办你的企业(大学生版):创业计划书[M]. 北京:中国劳动社会保障出版社, 2010.

[4] 人力资源社会保障部职业能力建设司,中国就业培训技术指导中心. 网络创业培训教程电商版[M]. 2版. 北京:中国劳动社会保障出版社,2021.

[5] 人力资源社会保障部职业能力建设司,中国就业培训技术指导中心. 网络创业培训讲师手册电商版[M]. 2版. 北京:中国劳动社会保障出版社,2021.

[6] 人力资源社会保障部教材办公室. 创业指导[M]. 2版. 北京:中国劳动社会保障出版社,2018.

[7] 中国就业培训技术指导中心,中国就业促进会创业专业委员会. 创业实训(导师版)[M]. 北京:中国劳动社会保障出版社,2015.

[8] 李桂贞,王冠. 网络创业指导[M]. 北京:北京理工大学出版社,2020.

特别鸣谢

NINGBO UNIVERSITY

宁波工程学院
NINGBO UNIVERSITY OF TECHNOLOGY

浙大宁波理工学院
NINGBOTECH UNIVERSITY

NINGBO UNIVERSITY OF FINANCE & ECONOMICS
宁波财经学院

浙江大学 软件学院
SCHOOL OF SOFTWARE TECHNOLOGY
ZHEJIANG UNIVERSITY

NINGBO CHILDHOOD EDUCATION COLLEGE

University of Nottingham
UK | CHINA | MALAYSIA

NINGBO CITY COLLEGE OF VOCATIONAL TECHNOLOGY
宁波城市职业技术学院

浙江工商职业技术学院
ZBTI ZHEJIANG BUSINESS TECHNOLOGY INSTITUTE

NINGBO COLLEGE OF HEALTH SCIENCES

浙江医药高等专科学校
ZHEJIANG PHARMACEUTICAL COLLEGE

COLLEGE OF SCIENCE & TECHNOLOGY NINGBO UNIVERSITY
IDEALISM & REALISM · 1999 · 唯实

宁波职业技术学院
Ningbo Polytechnic

ZHEJIANG FASHION INSTITUTE OF TECHNOLOGY
浙江纺织服装职业技术学院

宁波开放大学
NINGBO OPEN UNIVERSITY